GAODENGYUANXIAO
YISHUSHEJIJIAOYU
SHISANWUGUIHUAJIAOCAI

主编：胡波 周辉煌 毛惠

装饰设计

主题家居

高等院校艺术设计教育「十三五」规划教材

>GAODENGYUANXIAOYISHUSHEJIJIAOYU
SHISANWUGUIHUAJIAOCAI

Zhuti Jiaju Zhuangshi Sheji

GAODENGYUANXIAO
YISHUSHEJIJIAOYU
SHISANWUGUIHUAJIAOCAI

中南大学出版社
www.csupress.com.cn

总　序

　　人类的设计行为是人的本质力量的体现，它随着人的自身的发展而发展，并显示为人的一种智慧和能力。这种力量是能动的，变化的，而且是在变化中不断发展，在发展中不断变化的。人们的这种创造性行为是自觉的，有意味的，是一种机智的、积极的努力。它可以用任何语言进行阐释，用任何方法进行实践，同时，它又可以不断地进行修正和改良，以臻至真、至善、至美之境界，这就是我们所说的"设计艺术"——人类物质文明和精神文明的结晶。

　　设计是一种文化，饱含着人为的、主观的因素和人文思想意识。人类的文化，说到底就是设计的过程和积淀，因此，人类的文明就是设计的体现。同时，人类的文化孕育了新的设计，因而，设计也必须为人类文化服务，反映当代人类的观念和意志，反映人文情怀和人本主义精神。

　　作为人类为了实现某种特定的目的而进行的一项创造性活动，作为人类赖以生存和发展的最基本的行为，设计从它诞生之日起，即有反映社会的物质文明和精神文化的多方面内涵的功能，并随着时代的进程和社会的演变，其内涵不断地扩展和丰富。设计渗透于人们的生活，显示着时代的物质生产和科学技术的水准，并在社会意识形态领域发生影响。它与社会的政治、经济、文化、艺术等有着千丝万缕的联系，从而成为一种文化现象，反映着文明的进程和状况。可以认为：从一个特定时代的设计发展状况，就能够看出这一时代的文明程度。

　　今日之设计，是人类生活方式和生存观念的设计，而不是一种简单的造物活动。设计不仅是为了当下的人类生活，更重要的是为了人类的未来，为了人类更合理的生活和为此而拥有更和谐的环境……时代赋予设计以更为丰富的内涵和更加深刻的意义，从根本上来说，设计的终极目标就是让我们的世界更合情合理，让人类和所有的生灵，以及自然环境之间的关系进一步和谐，不断促进人类生活方式的改良，优化人们的生活环境，进而将人们的生活状态带入极度合理与完善的境界。因此，设计作为创造人类新生活、推进社会时尚文化发展的重要手段，愈来愈显现出其强势的而且是无以替代的价值。

　　随着全球经济一体化的进程，我国经济也步入了一个高速发展时期。当下，在我们这个世界上，还没有哪一个国家和地区，在设计和设计教育上有如此迅猛的发展速度和这般宏大的发展规模，中国设计事业进入了空前繁盛的阶段。对于一个人口众多的国家，对于一个具有五千年辉煌文明史的国度，现代设计事业的大力发展，无疑将产生不可估量的效应。

　　然而，方兴未艾的中国现代设计，在大力发展的同时也出现了诸多问题和不良倾向。不尽如人意的设计，甚至是劣质的设计时有面世。背弃优秀的本土传统文化精神，盲目地追捧西方设计风格；拒绝简约、平实和功能明确的设计，追求极度豪华、奢侈的装饰之风；忽视广大民众和弱势群体的需求，强调精英主义的设计；缺乏绿色设计理念和环境保护意识，破坏生态平衡，不利于可持续性发展的设计；丧失设计伦理和社会责任，极端商业主义的设计大行其道。在此情形下，我们的设计实践、设计教育和设计研究如何解决这些现实问题，如何摆正设计的发展方向，如何设计中国的设计未来，当是我们每一个设计教育和理论工作者关注和思考的问题，也是我们进行设计教育和研究的重要课题。

　　目前，在我国提倡构建和谐社会的背景之下，设计将发挥其独特的作用。"和谐"，作为一个重要的哲学范畴，反映的是事物在其发展过程中所表现出来的协调、完整和合乎规律的存在状态。这种和谐的状态是时代进步和社会发展的重要标志。我们必须面对现实、面向未来，对我们和所有生灵存在的环

总 序

境和生活方式，以及人、物、境之间的关系，进行全方位的、立体的、综合性的设计，以期真正实现中国现代设计的人文化、伦理化、和谐化。

本套大型高等院校艺术设计教育"十一五"规划教材的降重推出，反映了全国高校设计教育及其理论研究的面貌和水准，同时也折射出中国现代设计在研究和教育上积极探索的精神及其特质。我想，这是中南大学出版社为全国设计教育和研究界做出的积极努力和重大贡献，必将得到全国学界的认同和赞许。

本系列教材的作者，皆为我国高等院校中坚守在艺术设计教育、教学第一线的骨干教师、专家和知名学者，既有丰富的艺术设计教育、教学经验，又有较深的理论功底，更重要的是，他们对目前我国艺术设计教育、教学中存在的问题和弊端有切实的体会和深入的思考，这使得本系列教材具有强势的可应用性和实在性。

本系列教材在编写和编排上，力求体现这样一些特色：一是具有创新性，反映高等艺术设计类专业人才的特点和知识经济时代对创新人才的要求，注意创新思维能力和动手实践能力的培养。二是具有相当的针对性，反映高等院校艺术设计类专业教学计划和课程教学大纲的基本要求，教材内容贴近艺术设计教育、教学实际，有的放矢。三是具有较强的前瞻性，反映高等艺术设计教育、教材建设和世界科学技术的发展动态，反映这一领域的最新研究成果，汲取国内外同类教材的优点，做到兼收并蓄，自成体系。四是具有一定的启发性。较充分地反映了高等院校艺术设计类专业教学特点和基本规律，构架新颖，逻辑严密，符合学生学习和接受的思维规律，注重教材内容的思辨性和启发式、开放式的教学特色。五是具有相当的可读性，能够反映读者阅读的视觉生理及心理特点，注重教材编排的科学性和合理性，图文并茂，可视感强。

总之，本系列教材具有鲜明的专业性和时代性，是高校艺术设计专业十分理想的教材。对于广大设计专业人士和设计爱好者来说，亦不失为一套实用的参考读物。相信本系列教材的问世，对促进我国设计教育的发展和推进高等艺术设计教学的改革，对构建文明而和谐的社会将发挥其积极而重要的作用。

是为序。

2006年圣诞前夕于清华园

张夫也 博士 清华大学美术学院史论学部主任、教授、博士研究生导师
中国美术家协会理论委员会委员

前　言

　　就室内设计而言，家居空间无疑是一种极为重要的空间类型，而对高职室内设计专业的学生而言，家居空间设计既是室内设计的基础，也是其成长为专业室内设计师的起点。因此，学好家居空间设计这门课程的意义不言而喻。

　　居住既是基本的、简单的行为，也是不断变化着的复杂行为。生活方式的多种多样决定了家居空间环境的千变万化。随着生活水平和审美素养的提高，人们对家居环境的要求已经不满足于单纯的物质功能需求，家居空间的艺术性和个性化逐渐成为居住者关注的焦点。因此，本书的编写在第一章引入了"主题设计"概念，重点讲述如何确定和塑造空间的主题，在强调满足基本使用功能的同时，引导学生聚焦家居空间的设计创意。第二章从家居空间的设计目的和主要内容出发，介绍家居空间设计的基本程序以及设计图纸的技术要求，引导学生认识和掌握家居空间设计这一创意活动的基本任务与要求。第三章详细介绍了家居空间的空间属性，期望学生能够以家居行为模式为出发点，对家居空间的属性进行深入理解，以便为家居空间的设计做好准备。第四章则是对家居空间设计进行解构，较为细致地探讨了家居空间各功能区域的设计要点，从稍显微观的视角提示学生如何设计好某个局部空间或者某个特定的空间功能。近十年来，人们的居住状态发生了翻天覆地的变化，居住条件有了明显的改善，我们就有了更为丰富的设计案例。本书第五章以居室面积大小为划分依据，精选了九个国内外各具特色的家居空间设计案例进行解析，试图尽可能全面地为学生展示家居空间设计的不凡魅力。同时，我们根据家居空间设计项目进展状况，在每个章节后面对应布置了典型工作任务作为实训作业，让学生及时巩固所学知识并检验学习效果。

　　我们在书中力求完整阐述家居空间设计的基础理论与设计方法，并附有大量精美、翔实的设计案例，旨在帮助读者更好地理解书中观点，为读者提供设计依据。由于我们时间仓促、水平有限，书中难免有误漏之处，敬请读者批评指正。

编　者

2019年1月

目 录

第1章 家居空间的主题

课程目标：理解主题的概念与内涵，能够在准确把握主题的基础上，完成对主题的确定与塑造并进行室内空间创意构思。

重点难点：设计实践中对主题的概括、对设计元素的提炼、处理与应用。

1.1 室内设计主题的内涵

1.1.1 题材和主题

题材，指设计作品中具体描写的生活事件和生活现象，即作者表达主题、塑造形象所用的材料。它是在生活素材的基础上经过选择、概括、集中、提炼而成的，在室内设计中通常指设计元素、符号，包括造型、材质、色泽甚至工艺构造等承载着设计师的创作理念和主题内涵的材料。如图1.1所示的是金螳螂设计师王琼在设计乌镇酒店时所提炼和运用到的素材，包括窗花格、地面石材拼花、石桥围栏和墙面装饰纹样、古建筑的装饰构件以及瓦当和石墩等，这些素材都体现了乌镇的地域文化特征，是具有代表性的设计题材。

图1.1

　　主题又叫"主题思想"，是作品通过描绘现实生活和塑造艺术形象所表现出来的中心思想，是作品内容的主体和核心。设计作品的主题是设计师经过对现实生活的观察、体验、分析、研究，经过对素材的提炼而得出的思想结晶，也是设计师对现实生活的认识、评价和对其理念的表现。设计师在创作过程中无论如何确定形式和结构，都必须服从主题表达的需要。主题具有阶级性和时代性的特点。由于设计师的立场、观点或创作意图的不同，相同的题材可以表现出不同的主题。设计师的思想水平、生活经验和艺术表现手法也会直接影响主题的深度和广度，因此它不仅是一种思想表达，还是一种精神内涵的象征。图1.2为贵州某酒店设计过程中的创意及应用图解，设计师提炼出苗家绣品与银饰相关元素，并把这些元素应用到门的拉手、吊顶、地面拼花、装饰造型等方面，表达了非常鲜明的民族文化主题。

图1.2

　　题材提炼于素材，而主题是题材的升华，它通过题材来体现艺术的精神实质。在室内设计中，围绕主题等综合创意元素，并以其为主线贯穿全部设计过程的设计方法称为主题设计，又称概念设计。图中1.3所示的"舞动空间"的设计项目就是提取了"人龙舞"作为设计元素，利用了"起龙""龙点头""龙穿云""龙卷浪"等表演程式，通过抽象、过渡、组合等设计手法得到"龙的图案"，并运用于空间当中，以表达"舞动空间"的主题。

图1.3

1.1.2 室内主题设计的基本思维方法

　　如同人的个性特质一样，室内空间设计作品均有着鲜明或隐晦的主题。在室内设计领域，随着人们审美意识的提高，室内空间对于许多人的要求已不仅仅停留在简单的物质层面。而围绕着主题的表现与营造是设计师进行室内设计创作的关键，这样可以将设计提升至更高的层次与境界。主题一方面体现了特定时期特定条件下设计师的创作思想，另一方面指导着室内设计的功能、形式、内容、设计语言以及空间文化品质等各方面，从而突出作品鲜明的个性，因此又称设计理念。

室内设计的主题创新就是创造意境空间。从设计的本质来看，功能性是设计师必须追求和遵循的原则，然而象征着精神气质的主题内涵，则是体现作品个性的重要环节，主题用于表达空间场域的本质特征、目的及潜在特点，赋予特定区域超出功能之外的特殊意义，即场所精神。空间的主题是空间设计的灵魂，由于主题的介入，使空间产生了场域效应，于是设计师借助于设计元素、设计符号的象征意义叙述着空间的思想和情感。主题的选择反映了各种不同的情趣爱好和审美倾向，人们文化背景、知识层次、生活环境的差异造成了各自不同的生活态度，故此对相同空间的体验和感受不同。因此，空间主题的定位应该是多层次的，有大自然淳朴之美的主题表现、有都市时尚的主题表现、有人文景观和历史文化内涵的主题表现、有自由、轻松、休闲的主题表现等。人们在这些空间场域中体会着文化的差异性，体会着空间的抽象性，从而进行着人与空间的对话，实现人与环境的真正统一，这种在满足使用功能基础上的情感交流给功能空间增加了新的附加值。因此，显现着文化内涵的主题创意综合体现了空间设计价值的重要特征。

空间主题完整性和鲜明性依赖于空间形态、色彩组合、空间布局、材料选择以及陈设、装饰品等各要素之间的搭配，取决于室内空间中诸要素彼此之间是否主从呼应、有张有弛，如果强调了某一元素在塑造空间主题氛围中占据主导环节，那么此时则更需要有章法地、合理地配合运用其他因素。针对更高标准的设计师而言，主题空间的协调性与鲜明性是设计者主题空间的创意表达能力以及综合文化知识素养的充分体现。因此，设计师应该基于特定的空间和研究，整理出既符合其特征、又能升华空间并且吻合人们审美情趣的主题，运用巧妙的构思和精细的脉络去演绎主题的精髓。

如图1.4所示，在进行室内空间主题创意设计时，总体上包括定主题、选题材、设计处理与

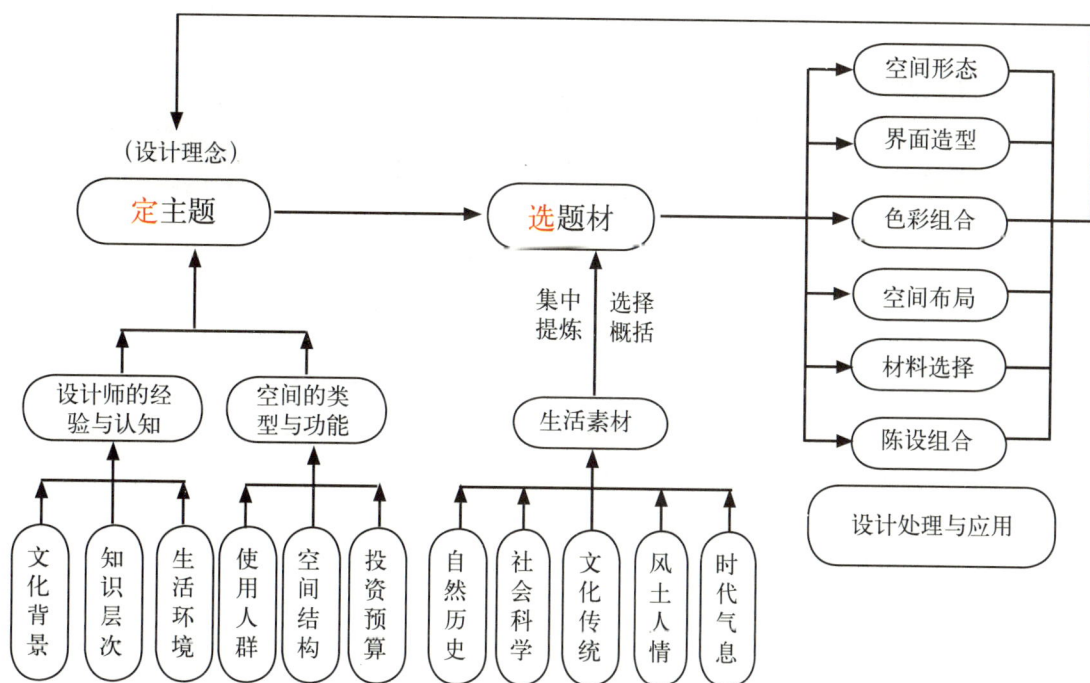

图1.4

应用三个阶段。首先设计师依据空间的类型与功能并结合自身的经验与认知来确定设计主题；接着从设计对象所处的自然历史、社会科学、文化传统、风土人情、时代气息等生活素材中选择相应的题材；再通过一定的设计手法把题材与室内空间设计要素相结合，形成具体的设计创意方案。当然，方案中的所有设计细节最好都能对设计主题形成很好的支持。

总的来说，主题是空间设计的灵魂。由于主题的介入，使空间产生了场域效应，从而使设计师借助于设计元素、设计符号的象征意义叙述着空间的思想和情感，而主题的选择反映了各种不同的情趣、爱好和审美倾向。

1.2 室内空间设计中主题的确定

在室内创作中，不同的空间类型有着不同的主题，或传递人文关怀，或突出民族特色，或表现个人情趣，或体现空间意境，或强调时代感，或表现文脉和本土文化。主题表达了设计师的设计理念，反映了设计师的修养。富有特色的主题设计能够加深人们的视觉记忆力，激发人的情感，营造情景交融的意境。

图1.5

创意的本源来自生活，创意目标的确立源于生活体验和对事物的洞察力。设计目标也是一种设计理念，是形成主题的前期阶段，具有模糊性、概念性的特点，往往通过文字的表述和概念草图来表达。如室内与建筑的有机关系，室内要弘扬地域文化传统神韵，室内要充分考虑经济实用性（节能、节约空间）及室内要传递某种意蕴等等，这些理念都会对下一步意象的形成起到很好的指引作用。

设计的最初定位往往都是设计者通过分析使用人群、空间环境、人文特征等来进行主题定位。主题性的表现题材也十分丰富，空间意境、时代气息、社会科学、自然历史、文化传统、风土人情等等都是主题发掘的源泉。当下室内设计界较为集中的主题主要包括以下几大方面。

1.2.1 人性的主题

人性化设计是指在符合人们物质需求的基础上，强调精神和情感因素的设计。人类社会的发展在某种程度上也可以说是人性化要求不断发展的过程，是不断否定自我、超越自我的过程。在人本主义理论兴起以前，无论是公共空间还是住宅空间的设计都很少考虑人的特殊需求，有的设计只为政治服务，彰显对王权和神权的崇拜，还有的设计仅仅考虑实用价值和经济成本，它们很少关注人，更谈不上人性化了。为人服务的设计宗旨就必须具备人性化的特点：人性是人所共有的正常情感和理性，向善、爱美、求真、求实都是人性的具体表现，而人性化设计是以"人本主义"为原则，以人的精神、行为、生理、心理要求为前提，以相应的技术手段为保障的创造性活动，是人文精神的集中体现，是人与环境、人与自然和谐共处的集中体现。今天，人们的需求逐渐超越了仅以物质功能的满足为前提这一范畴，而向高情感的层次过渡。注重传统文脉，向往充满人性味、充满地方特点的生态环境，已成为设计发展的主流。室内设计界所呼吁的人性化的设计，更多地从人的心理角度出发，使得人对空间有一种认同感和归属感。

图1.6所示的是汶川大地震以后，设计师设计的避震避灾卫生间方案，这是从关注人的安全角度进行的人性化设计，从主要造型、结构、材质等方面表达了安全的主题。图1.7是一个在家办公（SOHO）的家居空间设计案例，在有限的空间范围内兼具工作和生活的功能区域，以满足在家办公的生活状态。其设计灵感在于关注了人们生活和工作形态的变化，这也是一种对于人性的关注。图1.8是37m²小居室功能设计的人性化。空间小，但是业主并没有因为面积的小而降低居住标准，

图1.6

相反，设计师通过对业主生活习惯和形态的细致
分析，巧妙进行了生活动线和超强收纳空间的设
计，充分考虑到了业主的生活功能需求，使其能
够有尊严地生活在其中，体现了对人性的尊重。
图1.9是一个由爸爸和儿子组成的单亲家庭的家
居空间，设计师出于对单亲家庭小孩生活状态的
考虑，在儿童房设置了足够的活动空间，并以
黄、白、蓝等颜色作为主色调进行装饰；卫浴空
间分布在两人的卧室之间，并且以木条栅格移门
代替封闭的板状开门，以便营造更好的沟通条件
和亲子互动关系。这是对人的情感状态的关怀，
非常人性化。

图1.7

图1.8

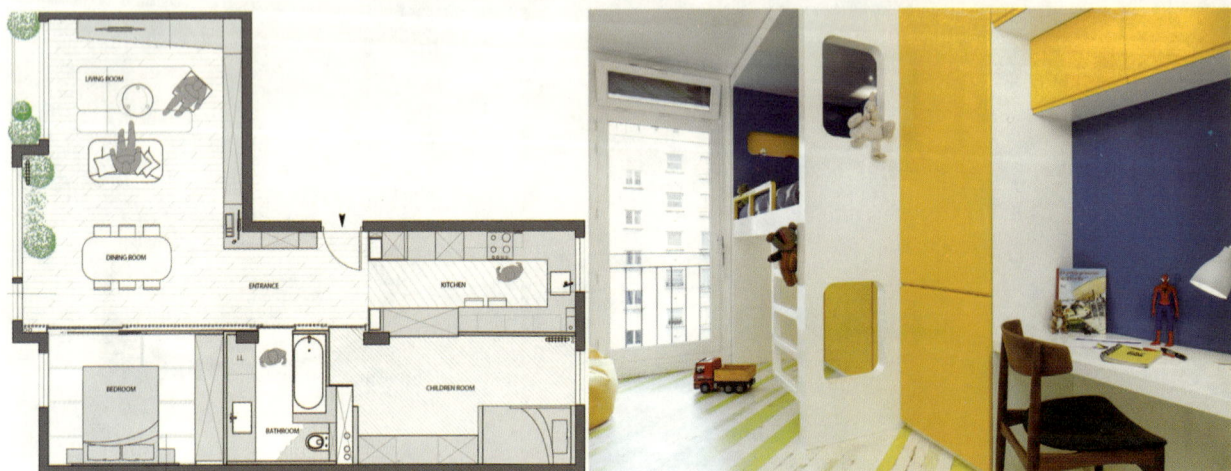

图1.9

1.2.2　时代的主题

时代主题也称时尚主题，指设计师结合现代特征寻找的新的主题，这些主题往往具有强烈的时代性。如人与空间环境的互动关系一再被加以强调和突出，对功能空间进行全新的改良，"新的使用方法"是空间设计创新最为显著的特征。图1.10所示为一个45m²的多用途家居空间，其中的家具与陈设摆放十分自由，能够针对不同的生活场景进行相应的调整，是对"新的使用方法"的最好诠释。又如人类模仿万物的生长机理以及一切自然生态规律，体现了回归自然的主题，在图1.11所示的设计方案中，夯土墙、茅草、竹材都以自然的色泽和状态呈现出来，生活于其中的居住者就有了进一步贴近自然的机会。再比如绿色、环保、低碳、可持续性发展等时代特征较强的社会意识和社会理念都能激发设计师对主题的提炼。图1.12是越南的一个家居空间设计项目。越南在地理位置上处于低纬度地区，气候环境为热带雨林气候，常年多雨、湿热。设计师通过使用天然石材、木材、露石混凝土等可持续材料，并结合房屋的微气候，极大地降低了房屋的运行和维护成本。入住至今，住户从未使用过空调。该设计方案不仅满足了功能和审美的需求，还是一条将人与人、人与自然维系起来的纽带，充分践行了绿色、低碳、可持续发展等时代生活理念。

图1.10

图1.11

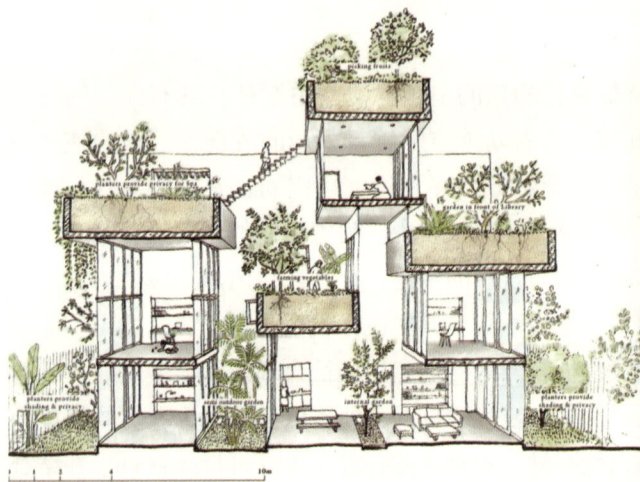

图1.12

1.2.3 民族的主题

文化的发展状况与社会生产息息相关。随着经济和社会的进步，出现了文化多元化的趋势，室内设计界为人们展现了多种风格的作品。随着国际交流的增多，中国设计师已认识到"民族的就是世界的"的深层意义。设计思潮对和谐的追求也无一例外地反映出与时代大背景紧密相连、以融合为主体的思想。这里融合不仅是不同文化间的对接，而且是超越这种概念上升为在全球化与本土化的两大主题下探索现代设计的中国式表达。以西方现代建筑思想为指引的全球化和以中国传统手法为表现方式的本土化这两大阵营间日益明显的分化中衍生出一个最终的指向：什么是中国设计的现代性表达？

这也许是一个永无止境的话题，关于对全球化与本土化的关系的回应，似乎只有解决了什么是中国设计的现代性问题，才能最终解决全球化与本土化（或地域性）的问题。大量的设计作品对这一话题的理性回应，都是以文化根源作为起源，体现了当代设计师对这一问题的不同解读，对民族文化传统和现代精神价值观念的现代化的思考与探索。

我国室内设计行业经过三十多年的发展，设计水平有了很大的提高。设计界普遍认识到"民族的就是世界的"。我们站在国际的高度，坚定走中国特色的室内设计路线，扎根地域本土文化，坚持对民族文化进行设计探索，在传承中发扬，以民族文化精神及其博大的内涵、独特的审美意韵和丰富的表现形式，给当下室内设计提供大量的题材。中国设计的现代性表达也始终是设计师们探讨的热点。图1.13为设计师结合现代人的生活方式与传统中式审美理念进行的新中式家居空间的设计，其中书房、茶室的营造，都带有独特的中式意境，其主题在于探索现代中式空间的美学理念。图1.14为湖南工艺美术职业学院2018届室内设计专业学生的毕业设计作品。该作品选择以侗族特色空间作为表现主题，表达对侗族特色地域文化的兴趣与

　　热爱。其中鼓楼、侗锦纹样、侗族银饰等代表性的设计符号与元素被合理运用于设计方案当中，既有传承又有创新显示出了学生驾驭民族主题空间设计的能力。

　　无论是人性化的主题、时代的主题还是民族的主题，它们相互之间并无绝对的

图1.13

图1.14

　　分离，这些主题经常相互渗透、相互关联。这就是创意中主题的多样性与繁杂性。

1.3 室内空间设计中主题的塑造

通过一定的表现意念来营造主题，是室内设计创作的重要特征。目标形成后，还要通过目标和方向提出构想，即设计的核心思想。要把目标物化成某种意象，形成一定的设计主题。湖南大学建筑学院魏春雨教授曾对此提出两个关键词：原型和特质。在创作时会有一个基本母题（原型），有时是以现代建筑的基本构架或设计师的偏好为原型，然后在此基础上或者结合地域文化，或者追求某种变异，或者找寻某个片段的进入口。尽管这些也许不成系统，但是可以从某个点上反映我们现在的创作状态和某种追求，可以表达我们对主题的塑造探索深度。

明确的主题令人产生强烈的归属感和场所感，它主要通过表现手段来完成。"表现手段"既是使艺术的"精神实质""题材"与"主题"的表现能顺利完成的一种行之有效的具体实施方法，亦是将构成空间环境的诸多要素统一起来的结构方法和表现方式。"表现手段"的成熟与否，并不取决于外在表现形式是否华美，而主要取决于能否将心灵中的状态予以真正的传递。它在室内设计中主要通过光、色、形、质，以及自然要素、家具陈设等软环境因素来共同实现。因此，好的室内设计一定会在空间组织、陈设、光环境等多方面营造和谐的气氛，且为一个主题服务。

1.3.1 设计中的情感诉求

在室内设计中，对特定情感的追求与表现是十分重要的，是一个成功设计的关键。从形式上看起来是在推敲诸如墙面、地面、顶棚等实体的设计，而实质上是要通过这些设计，达到创造理想空间氛围的目的。因此，对于不同的设计要进行不同的设计分类和设计定位，从而做出与之相应的设计方案。单纯注重功能的合理性是不够的，其独特的设计所带来的心理和精神上的满足同样很重要。情感是一种主观的心理活动，主要通过视觉的体验来获得。每一个室内空间都能给人带来不同的心理感受，所以室内设计必须满足人类情感的需求。设计的魅力是心理现象，是发自内心的感召，好的设计对人心灵的震撼应和戏剧、小说。

1.3.2 设计符号的运用

室内设计中，为了满足情感交流的需要、营造艺术氛围，会大量采取符号性手法进行设计。符号这种简化的形式非常适合表达某种场景，是一种创造性的手段，且具有强烈的艺术效果。室内设计师会把生活中有意义的东西变成视觉符号（设计元素)，并运用于设计之中。室内设计是一个整体，符号化方法只是营造艺术氛围、表现设计思想的一种手段。符号的选用与创造，充分体现了设计师的艺术功底与素养。符号具有广泛的共鸣和交流作用，具有回归生活、丰富生活的积极意义。符号的使用与创造一定要准确、要恰如其分、要与其他造型因素相统一，并形成一个整体。图1.15所示，为梦想改造家节目中上海古龙路的一个家居空间改造项目，设计师从坡屋顶建筑中提炼出来的五边形（长方形+三角形）成为主要的设计符号，被应用于多处空间界面当中，象征现实主义的建筑在戏剧化的超现实主义空间中反复使用。

图1.15

1.3.3 相关素材的运用与细节设计

在室内设计中，围绕主题展开的相关素材应符合以下几个原则：①内在关联；②表象关联；③联想关联。这些关联素材可以是设计符号的重复或变异，也可以是室内陈设、家具、绿化甚至标识的贡献。图1.16为台湾设计师邱德光在嘉兴创作的主题为"花语江南"的家居空间项目。灰、白是设计师从江南建筑中提炼出来的基础色彩，整体空间灰、白色调源自白墙黛瓦；客餐厅地面拼花设计概念源自青石板路；在嘉兴下雨仿佛是一种常态，这种自然意象也被演绎于地下空间里，垂落而下的玻璃灯像雨滴般编织出梦幻的花语江南；水墨装饰画、禅意的盆栽饰品以及花鸟图腾等素材都是和主题紧密相关的素材。如图1.17所示，在设计师邱德光的另一个创作当中，"云端空间"成为设计的主题，设计师利用不同的关联素材，在楼梯、家具、吊顶以及陈设当中都使用和云相关的设计符号，以强化设计作品"云端空间"的形象。

为保证设计形式与内容的完美以及可细读性，设计细节的处理是关键。清华大学美术学院苏丹教授认为，一个完整的视觉形象（或主题空间），往往是由许多相对独立的单元形象组成的，它们之间存在着严格的内在秩序，同时又有着相对独立的技术与美学语言，即细节。图1.18为设计师梁志天团队创作的家居样板房设计项目。在客厅背景墙的设计上，无论是从造型、配色还是材质、灯光乃至陈设饰品来看都呈现出了高水准的设计细节，给人一种非常精致、愉悦的美学享受。

图1.16

图1.17

图1.18

1.3.4 情景交融的意境

空间意境是指由空间形态产生的艺术精神内涵和社会文化内涵作用于人的审美意识而形成的审美体验和精神感悟。形式通常只能解决一般问题，而意境可以解决特殊问题；形式涉及问题表象，而意境涉及其本质；形式吸引人的视觉，而意境打动人的心灵。可见营造意境是室内设计追求的方向。室内空间所有的一切都是一个整体，都是为一个主题服务的。一个只具备功能性的设计通常缺乏特色，因此营造意料之外情理之中的意境是室内设计的主旨。

图1.19为荷兰设计师马歇尔万德斯的空间设计作品，其顽皮、诙谐、幽默，充满主题性和华丽感的空间意境，表达出了独特的个性和细腻的情感。谈及空间意境的营造，就不能不提法国设计师菲利普斯塔克，如图1.20所示，不管是家居空间的梳妆区域、会所的休闲区域、餐厅的饮品区域还是酒店的接待区域，看似没有突出的设计元素以及固定的搭配手法，但是在空间意境的营造上，达到了情景交融的效果。

图1.19

图1.20

人性化的室内空间意境是指符合人的审美意识需求的空间情感内涵，包括基于人类审美意识而存在的"形式""形象""意蕴"三个层面。空间作为一种艺术形式，只有在其折射出人类的审美观念、具有和人类审美意识同构的现象时，才能引起人们的审美体验。对于空间主题的塑造，同样要注重三个层次的营造。

首先是"形式"，即基本功能层面。在满足基本功能的前提下，用直接的手段表达主题，以直接揭示主题。在这个层面上，许多室内设计在空间界面、陈设、色彩等方面采用具体的手法进行主题展示，直接点明了主题。

其次是"形象"，即感官信息层面。形象提供了更高层次的高质量感官信息，通过空间、形体、质感、肌理等视觉要素，并加上听觉、嗅觉等信息共同组成具有多种感官的信息场所，如空间序列中的前导空间、序幕空间、高潮空间、转换空间……使室内空间更具有感染力。形象通过各种非直接的手段，再现主题，在表达中留有较多的暗示与空白，以激发人们的参与性和想象力，这样才能印象深刻，达到深层感悟的目的。

最后是"意蕴"，即精神文化层面。意蕴是由物质环境引发的，在基本功能与感观信息基础上产生的精神文化方面的效应，这也是室内设计的价值最大化。

环境对于人的心理有很大作用，只有具备意境美的室内空间环境，才能给人以深刻的印象，激发人的情感，引起人的共鸣，使人感受到空间的魅力。室内设计主题空间的最高境界，就在于朴素，在于自然，更加和谐。

1.4　本章实训任务

实训任务：家居空间主题创意构思

项目名称	家居空间主题创意构思	参考学时	6学时
实训地点	工作室或图书馆，视情况而定。		
任务目的	1. 概括与归纳空间主题的能力； 2. 提取、处理与应用元素形成设计创意的能力； 3. 利用思维导图、泡泡图等设计工具进行创意设计的能力； 4. 应对与分析问题的能力； 5. 手绘设计草图的能力。		
任务要求	1. 能够选择恰当的主题； 2. 能围绕设计主题进行元素的提炼、元素的处理和应用等创意活动； 3. 每小组独立撰写实训报告书及行动计划书； 4. 能通过草图对设计创意予以表现。		
行动过程	1. 收集相关主题设计创意案例，并进行分析； 2. 选择适当的设计主题； 3. 运用思维导图提取设计元素，并完成对元素的处理，形成应用意象； 4. 撰写实训报告。		
考核标准	整个过程按学习情境评估表规定的项目评分。 本阶段作业主要以设计创意为主，根据学生的不同表现，依据标准可将其分为四个等级： 1. 主题设计创意案例分析比较深入、细致；能够选择合适的主题，并围绕主题提取设计元素，元素的处理呈现较好的设计逻辑，形成了合理的应用意象。（90～100分） 2. 主题设计创意案例分析比较细致；能够选择合适的主题，并围绕主题提取设计元素，元素的处理有新意，应用意象也比较合理。（80～89分） 3. 主题设计创意案例分析比较全面；能够选择合适的主题，并围绕主题提取设计元素，元素的处理有待加强，能够提出应用意象。（60～79分） 4. 主题设计创意案例分析不到位；能够选择主题，但无法进行设计元素的提取，也不能提出应用意象。（60分以下）		
材料准备	纸张、笔、设计案例等。		

第2章 家居空间的室内设计程序

课程目标: 熟悉家居空间室内设计的目的、主要内容与基本程序;掌握设计中施工图纸的技术要求。

重点难点: 家居空间室内设计实践中各阶段工作任务的实施。

2.1 家居空间设计的目的及主要内容

2.1.1 家居空间设计的目的

家居空间设计的目的之一就是要实现居住空间的使用功能,合理提高居住者的物质生活水平;另一目的就是要起到抚慰人心、陶冶情趣的作用,使人从精神上得到满足,提高家居空间的生理和心理环境质量,如图2.1所示。人类一生中有一半左右的时间是在家居空间中度过的,如果室内空间环境封闭而单调,会使人们失去许多强烈的向往。随着现代社会生活节奏的加快和工作竞争的加剧,人的精神压力也不断加大,加上城市生活的喧闹,使人们更加渴望生活的宁静与和谐,所以人们都希望拥有一块属于自己的温馨舒适的小天地。这个愿望可以通过家居空间设计来实现,从而达到使人放松身心、维持心理健康的目的。

图2.1

2.1.2 家居空间设计的主要内容

图2.2为家居空间设计因素系统模型示意图，给我们展示了家居空间系统设计以及家居空间设计依据及设计模式的相关内容。对于前者来说，包括硬质集成内容与软质集成内容两个方面；对于后者而言，则包括物化形态与设计理念两方面的内容。细化来看两者倒是非常一致的，都包括储藏布局、人机构成、色彩搭配、造型风格、材料应用、居住模式、审美观点、饮食习惯、生活形态以及经济和技术等考量要素。

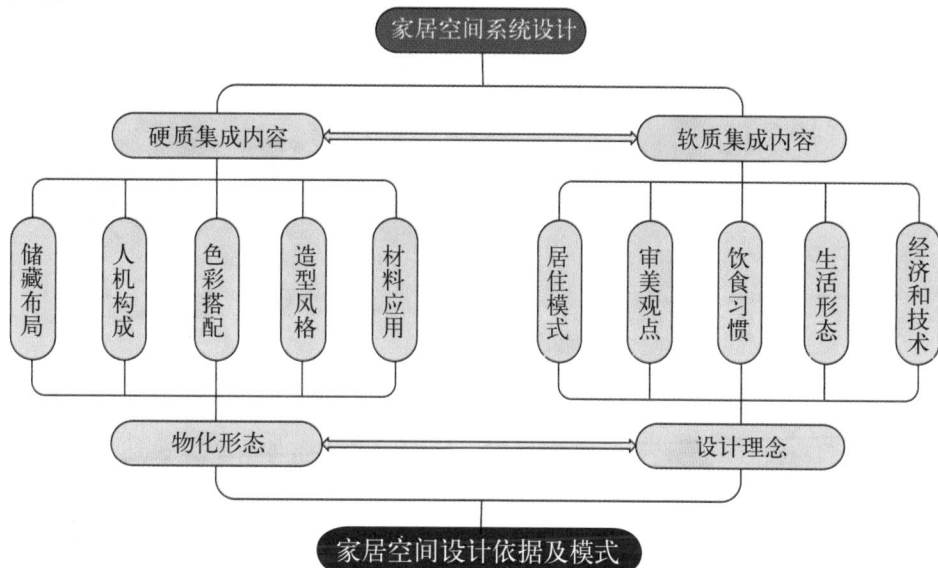

图2.2

从家居空间设计的工作任务来看，其主要内容包括以下九个方面。

（1）平面设计——以人们在家居空间的生活行为作为基础，满足舒适、安全、方便、经济、卫生等功能的需要，解决功能空间的基本关系。如图2.3所示，要处理好功能空间的位置问题，确定不同空间面积的大小，以及它们之间的衔接与过渡。

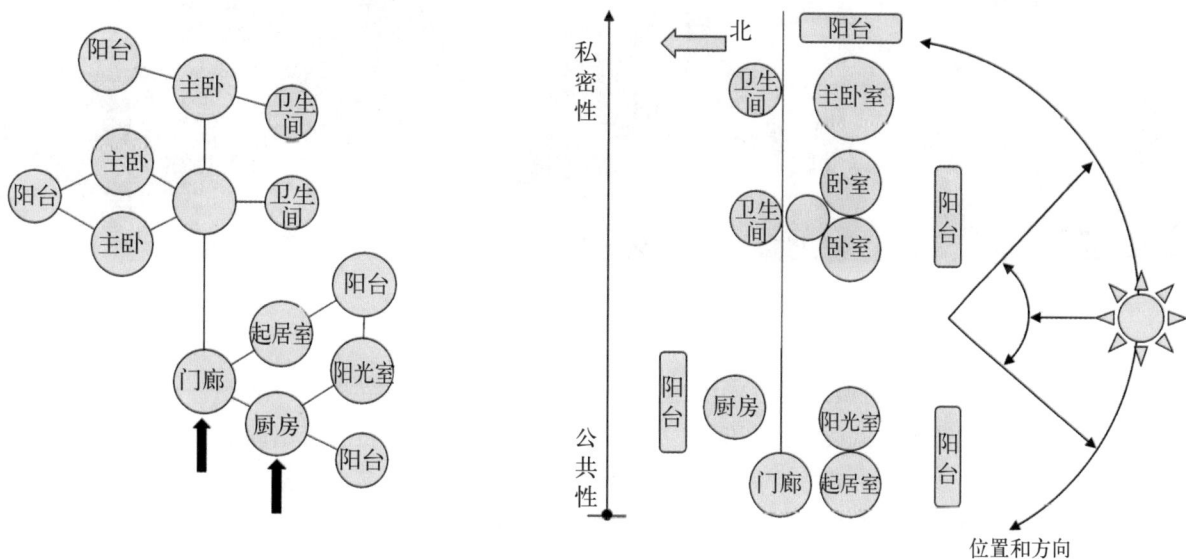

图2.3

（2）空间组织——居室空间分布的丰富性是其建筑区别于其他艺术形式的主要特点之一，设计师在空间比例、尺度上要充分考虑建筑与人的关系，以满足人们的要求。在这部分内容中，空间的尺度、形式与结构是涉及的重点。

（3）色彩设计——运用不同的颜色来渲染和塑造家居空间的最佳气氛。利用协调、统一、对比等不同的配色手法，处理好背景色、主体色和装饰色之间的关系，如图2.4所示。

图2.4

（4）照明设计——光不仅是家居空间照明的基本条件，更是表达空间形态、营造环境氛围的基本要素。设计师要通过光源环境设计营造较好的照明效果，表现空间的形体、色彩和质感，并且创造家居空间内不同功能所需求的光源环境，如图2.5所示。

图2.5

（5）材料选择——材料质感和色彩要运用得当，做到既可调节空间感，又能在微观中产生更多的情趣，既要注意环保，又要考虑防火。不同的材料有着不同的性格，如和蔼可亲的木材、沉稳高贵的石材、玲珑清秀的玻璃、精灵多变的镜子、和刚正不阿的金属等，设计师在创作时要对材料进行灵活尝试，以取得意料之外的效果，如图2.6所示。

图2.6

（6）家具配置——家具在室内环境中的实用性和观赏性都十分突出，部分家具还与人体直接接触，感受距离最为接近，设计时要在满足功能实用的前提下，增加情趣和艺术效果，营造室内空间的整体文化氛围，如图2.7所示。

图2.7

（7）装饰和陈设——装饰和陈设在一定程度上反映了主人的情趣爱好，在体现空间个性和气氛的同时，起到画龙点睛的作用，对室内氛围的塑造和风格的形成起着举足轻重的作用，如图2.8所示。

图2.8

（8）植物配置——也称为室内绿化，室内绿化具有改善室内小气候和吸附粉尘的功能，更为主要的是，室内绿化使室内环境生机勃勃，带来自然气息，令人赏心悦目，起到了柔化室内人工环境的作用，使人们在室内就能享受到大自然的乐趣，与室外绿化相呼应，如图2.9所示。

图2.9

（9）声音处理——声音在室内的传播应就房间的形状、材料的选取，对不同的房间有不同的考虑处理方法。

2.2 家居空间设计的基本程序

家居空间设计是一门实践性非常强、最终要实现其存在价值、改善和提高人类居住环境的设计活动，是人类有目的地系统地解决居住环境矛盾的活动过程。因此，家居空间设计是指包括资料信息收集、测量尺寸、设计构思及方案、设计表现及提交、施工现场协调材料、施工与指导评价、装饰陈设摆放等几个步骤的系统实践过程。

2.2.1 前期测量相关尺寸阶段

设计师带领本组其他成员到达现场，复印好1∶100或1∶50的建筑框架平面图两张，一张记录地面情况，一张记录顶棚情况，并尽可能带上设备图，准备好卷尺、皮拉尺、铅笔、红色笔、绿色笔、橡皮、涂改液、数码相机、电子尺等相关工具，穿方便行动的服装和鞋子。如果进入在建新房，应佩戴工地安全帽。

实地了解建筑结构，详细测量现场的各个空间总长、总宽尺寸，墙柱跨度的长、宽尺寸，记录现场尺寸与图纸的出入情况，标明混凝土墙、柱和非承重墙的位置尺寸，标注门窗的实际尺寸，高度，开合方式、边框结构及固定处理结构，幕墙结构的间距、框架形式、玻璃间隔，通常测量净空尺寸。记录采光、通风及户外景观的情况，测量天面的净空高度、梁底高度，测量梁高、梁宽尺寸，测量梯台结构落差等。地平面标高要记录现场情况并预计完成尺寸，记录雨水管、排水管、排污管、洗手间下沉池、管井、消防栓、收缩缝的位置及大小，结构复杂地方测量要谨慎、精确；复检建筑的位置、朝向、所处地段、周围的环境状态。

测量的数据要完整清晰，尺寸标注要符合制图原则，图例要符合规范，要有方向坐标指示。顶棚要有梁、设备的准确尺寸、标高、位置。

2.2.2 客户沟通阶段与构思阶段

图2.10

如图2.10所示，设计师要与客户进行沟通，充分了解客户的生活方式、文化水平、宗教信仰、风俗习惯等，收集客户的需求、特征、经济能力等信息来进行家庭因素和居室条件分析，从而确定主题、住宅的功能与风格。

家居空间设计的根本首先是资料的占有率，要在完善的调查、横向的比较、大量的搜查资料基础上，归纳整理、寻找欠缺、发现问题，进而加以分析和补充，这样的反复过程会让设计师在模糊和无从下手当中渐渐清晰起来。

2.2.3 设计方案与设计表现提交阶段

方案草图是方案构思的延伸，它运用图解语言表达构思的总过程，是设计师与业主沟通时最有效的表达手段之一，如图2.11所示。设计要满足空间使用功能的分布，在建筑框架的局限中去寻求空间利用的最大可能性，设计师不断进行方案的分析与比较，逐步地深入和完善方案。

图2.11

平面图的表现内容包括功能分区、交通流线、家具和陈设在内的所有内容，精细的平面图甚至要表现材质和色彩等；立面图也是同样的要求。剖面图用以表示房屋内部的结构或构造形式、分层情况和各部位的联系、材料及其高度等，是与平、立面图相互配合且不可缺少的重要图样之一。此外，家居空间本身是一个立体的建筑空间，在进行方案构思时应该一直保持立体空间的思维方式。

效果图是设计构思的虚拟再现，是为了表现设计方案的空间效果而做的一种三维阐述，通过立体影像模拟真实设计效果情景，如图2.12所示。对于业主来说，效果图也是理解图纸的一种最有效方法。效果图作为项目成功的敲门砖，往往有着直观的沟通作用，它实现了从平面向三维空间的转换过程，传递了设计师的意图及对空间创作的深刻感悟。但是，效果图只是设计师表现方案的一种方法手段，并不是设计工作的全部，效果图的目的是让业主能直观了解设计构思的综合效果，但效果图难免与施工后的效果有出入，这是设计师应该预先向业主说明的，避免业主只依赖效果图来评判设计的好坏，效果图不可作为业主验收的标准。

图2.12

2.2.4 施工现场材料样板等协调阶段

　　材料的选择是项目实施阶段的主要工作，材料选择受到类型、价格、产地、厂商、质量等要素的制约，同时也受到流行时尚的影响。就设计师来讲，材料是进行室内装修设计最基本的要素，单一的或复杂的材料是因设计概念而确定，如图2.13所示。虽然优秀的材料可以更加完美的体现理想设计效果，但不等于低预算不能创建合理的设计，低廉但合理的材料应用要远远强于豪华材料的堆砌，关键是如何选择。材料的色彩、图案、质地是选择的重点，在实际的项目工程中选择材料要注重实地选材不迷信材料样板；注意天然材料在色彩与纹样上的差异。

物料板 MATERIAL BOARD

卧室　Bedroom

图2.13

设计师要在施工的关键阶段亲临现场指定，尤其是需要现场检查材料样板的构造、尺度、色彩、图案等。关于所选取的技术规范，包括国家颁布的标准规定，具体施工所用的物料性能说明、工艺程序、建造参数说明等，可根据国家建设法规或供应商提交的合格证明文件进行。

2.2.5 施工和指导评价阶段

如果说草图阶段以"构思"为主要内容，平、立、剖面图及效果图阶段是以"表现"为主要内容，那么施工图就以"标准"为主要内容。施工是实施设计的重要环节，为了使设计的意图更好地贯彻实施于设计的全过程之中，在施工之前，设计师应及时向施工单位介绍设计意图，解释设计说明并对图纸进行技术交流。在实际的施工阶段中，要按照设计图纸进行核对，并根据现场实施情况进行设计的局部修改和补充。指导和评价是在整个过程中的一个不间断的潜在行为，在某一阶段突出地表现出来，施工结束后，协同质监部门进行工程验收。

为了使设计取得预期的成果，设计师必须抓好各个阶段的环节，充分重视设计、材料、施工、设备等各个方面，并要熟悉、重视与原建筑物的建筑设计、设施设计的衔接，同时还需协调好与建筑单位和施工单位之间的关系，与他们在设计意图和构思方面取得沟通与共识，以期取得理想的设计工程结果。

2.2.6 装饰、陈设及植物摆设阶段

在家居空间的施工完成后，设计师要进行艺术陈设的设计，根据不同空间利用家居物品的不同进行摆设，从而形成不同的格局。灯饰、家居、艺术品以及绿化植物等的摆设会使整个家居空间的艺术效果、风格得到提升及统一。艺术陈设美化家居空间要符合艺术规律，不能妨碍日常的室内活动。摆设布局应与周围环境形成一个整体，选择物品的尺寸应根据建筑空间的大小而定，既要满足空间活动的条件，又要满足人的视觉感受，否则会造成空间压抑感。

陈设对住宅环境的美化有着极其重要的作用，主要体现在两个方面：一是其本身的造型、色彩的美；二是通过它们与室内环境恰当地组合，有机地配置，从色彩、形态、质感等方面产生鲜明的对比，而形成美的环境，如图2.14所示。

家具的摆放是住宅室内陈设装饰最主要的内容，家具通过与人相适应的尺度和优美的造型样式，成为住宅空间与人之间的一种媒介性过渡要素，使虚空的房间便于人们居住、工作、活动。家具的摆放位置奠定了家居空间陈设装饰的基调。

灯具的主要作用是用于室内的照明，灯具的光照与造型同时对室内装饰起到重要的作用。例如，用白炽灯照明室内，空间层次丰富，立体感强。而它的外形也是一种装饰，灯具与家具的呼应会更好的协调统一这个家居空间。

室内摆放的艺术品本身的作用就是装饰，但也不是任何一件艺术品都适合特定的室内，也不是越多越好。墙面上多用绘画与摄影作品，台面上多用雕塑或工艺品，只要空间的视觉感觉舒适即可。它的主要作用是点缀，过多过滥反而不美观。

绿化植物的自然形态有助于打破室内装饰直线条的呆板与生硬，通过植物的柔

图2.14

化作用补充色彩，美化空间，使室内空间充满生机。绿化陈设是现代住宅室内设计可持续发展的方向，随着人民生活水平的逐步提高，生态环境意识的进一步觉醒，绿化设计将成为现代室内设计不可或缺的部分之一，将会受到更多使用者的关注。

2.3 家居空间设计中施工图纸的技术要求

　　家居空间设计项目中，完整的施工设计图纸应包括封面，目录，平面图类（包括平面布置图、家具布置图、间墙尺寸图、地面材料图、天花布置图、灯具尺寸图以及立面索引图等），立面图类，大样图类（包括墙身大样图、天花大样图和线条大样图等），水电设备图类（机电布置图、开关连线图、空调平面图、给水排水定位图等）以及各类物料表。施工图的技术要求应严格按照国家或行业《建筑装饰装修制图标准》执行。下面我们以一套图纸为例，详细介绍各类图纸的具体技术要求。

2.3.1 封面

　　封面的内容包括：项目名称、图纸性质（方案图、施工图、竣工图）、时间、档号、公司名称等，如图2.15所示。

太原恒大华府9#楼3层张先生雅居

taiyuanhengdahuafu9#lou3cengBhuxingyangbanfang

室内装饰施工图设计文件

建设单位：艺舍装饰设计有限公司
编制单位：艺舍装饰设计有限公司

湖南省长沙市五一大道520号　　　　邮编：410000
TEL:0731-87024222　FAX：0731-87024222　87080736

项目编号：022-XQ-SJ-2017018　　　编制日期：2017 年 5 月 25 日
项目编号：____________　　　编制日期：____________

图2.15

2.3.2 目录

目录包括：项目名称、序号、图号、图名、图符、图号说明、图纸内部修订日期、备注等，如图2.16所示。

序号	图纸名称	图号	图幅
01	图纸总目录	001	A3
02	图标说明	002	A3
03	施工图设计说明（一）	003	A3
04	施工图设计说明（二）	004	A3
05	材料表	005	A3
06	建筑资料平面图	AD-01	A3
07	平面布置图	FF-01	A3
08	家具布置图	FP-01	A3
09	间墙尺寸图	WD-01	A3
10	地面材料图	FC-01	A3
11	天花布置图	RC-01	A3
12	灯具尺寸图	LD-01	A3
13	开关连线图	CW-01	A3
14	空调平面图	AG-01	A3
15	机电布置图	EM-01	A3
16	给排水定位图	DG-01	A3
17	立面索引图	EI-01	A3

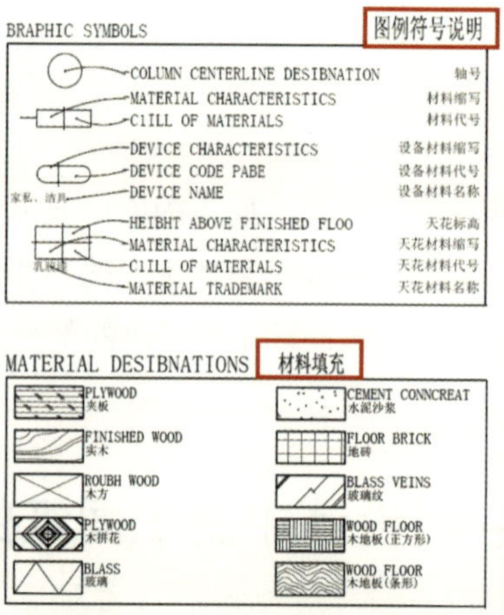

BENERAL NOTES　图纸说明

本装饰工程同意按当前国家的建筑装饰法规和条例以及其他法规、法令和条例进行设计和施工。工程建设应将所有的有关工程的周围环境条件以及需要调整或改变的建筑尺寸、设备、文本、图纸资料提供给设计师。

SHEET TITLE REFERENCE　图标说明

001	ARCHITECTURAL INFORMATION PACKET	图纸目录
002	ARCHITECTURAL DETAIL	图例说明
003	DESIGN DESCRIPTIONS	设计说明(一)
004	DESIGN DESCRIPTIONS	设计说明(二)
005	MATERIAL LIST	材料表

MATERIAL FINISH REFERENCE　材料缩写代号说明

ARF	ARCHITECTURAL FINISH	建筑完成	PL	PLYWOOD	夹板、胶板
CT	CERAMIC TILE	瓷砖	WP	WALLPAPER	墙纸
CT	FLOOR TILE	地砖	UP	UPHOLSTERY	布料
IC	CARPET	地毯	BL	BLASS	玻璃
BYP	BYPSUM WALL BOARD	石膏板墙	MR	MIRROR	镜子
MT	METAL FINISH	金属料	PT	PAINT	涂料、油漆
MT	STAINLESS STEEL	不锈钢	E		电器、电制
WD	WOOD FINISH	木饰面	PC		天花线
ST	STONE	石材、石头			

图2.16

2.3.3 平面图类

平面图通常比例为1：50、1：100、1：150、1：200。平面图中的图例，要根据不同性质的空间，选用规范图例。平面图类图纸主要包括平面布置图、家具布置图、间墙尺寸图、地面材料图、天花布置图、灯具尺寸图以及立面索引图等。具体技术要求如下。

原始建筑平面图，它要求主要表达出原建筑的平面结构内容；绘出承重墙、非承重墙及管井位置；注明墙体轴线之间的尺寸以及建筑标高，如图2.17所示。

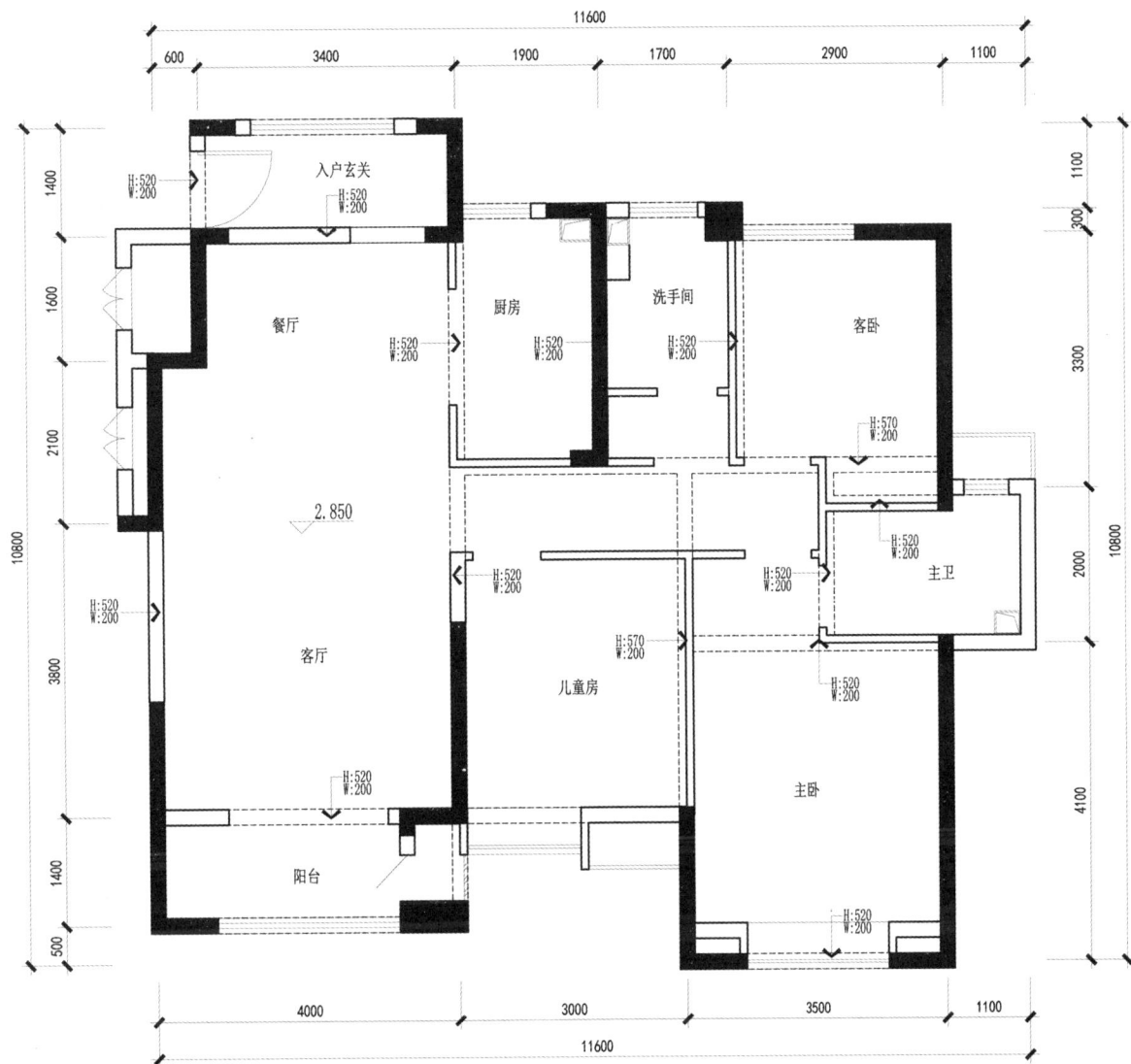

图2.17 原始建筑平面图

平面布置图，要求主要表达出平面空间布置内容及关系；隔墙、隔断、固定家具、固定构件、活动家具及其他空间陈设的形状和位置；表达出门扇开启的方式和方向；注明装饰地面的标高、各功能区域的名称以及必要的文字，如图2.18所示。

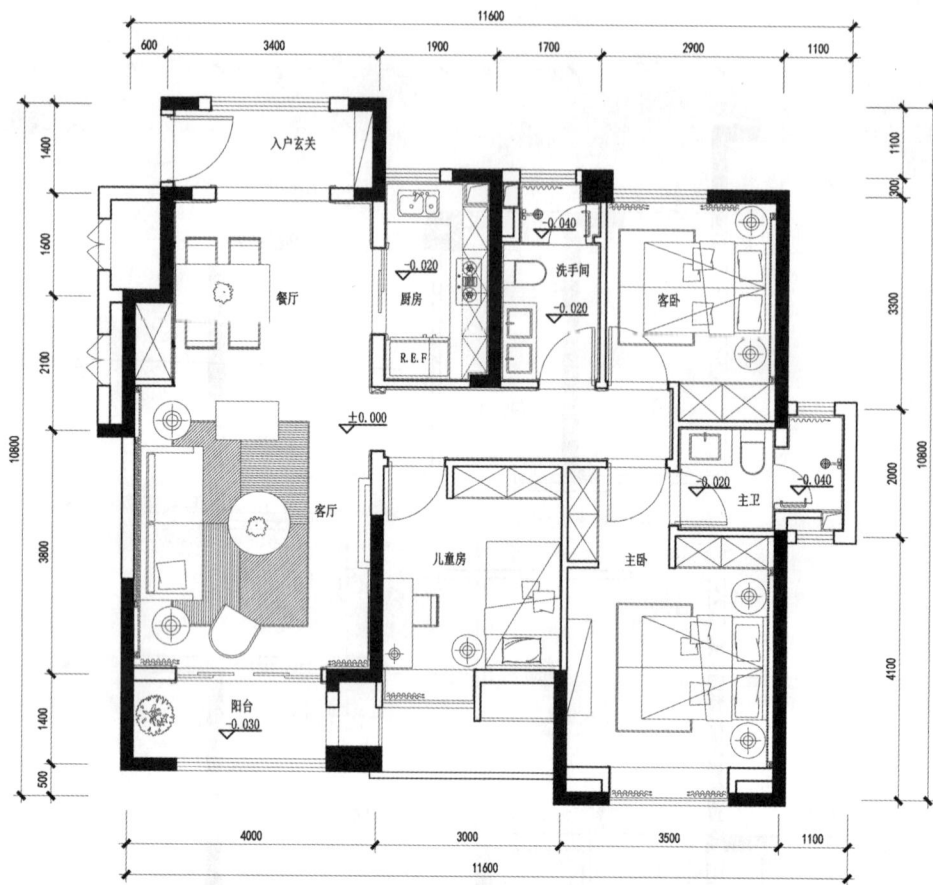

图2.18　平面布置图

家具布置图要求主要表达出平面空间中各家具的名称及其对应的编号，如图2.19所示。

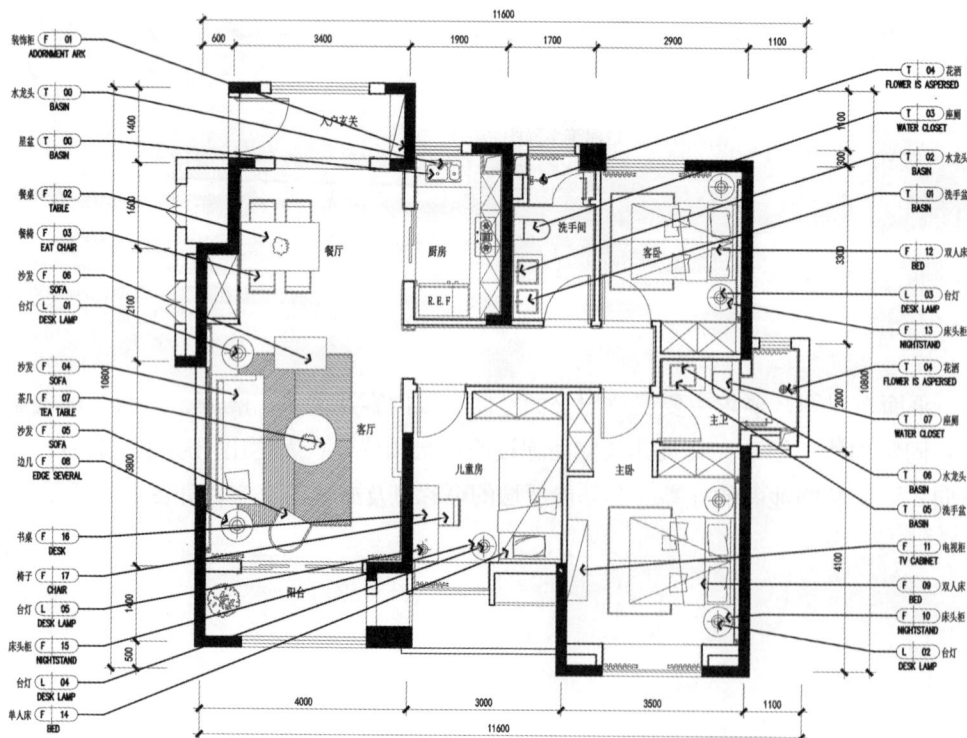

图2.19　家具布置图

间墙尺寸图要求主要表达出新建墙体和拆除墙体的位置和尺寸关系，如图2.20所示。

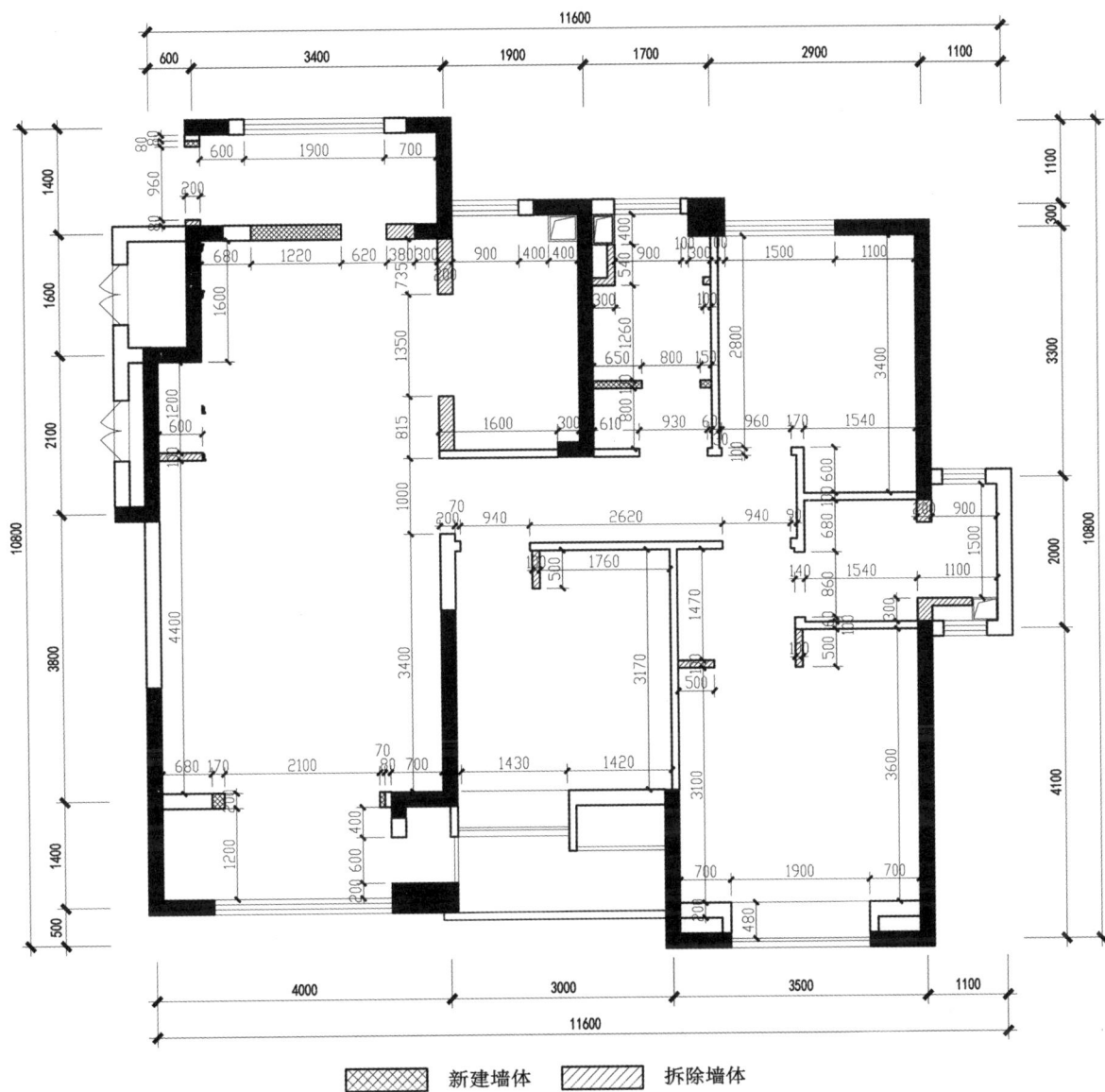

图2.20 间墙尺寸图

地面材料图要求主要表达出地面界面空间内容关系；地面装饰材料的品种、规格和地面拼花样式，如图2.21所示。

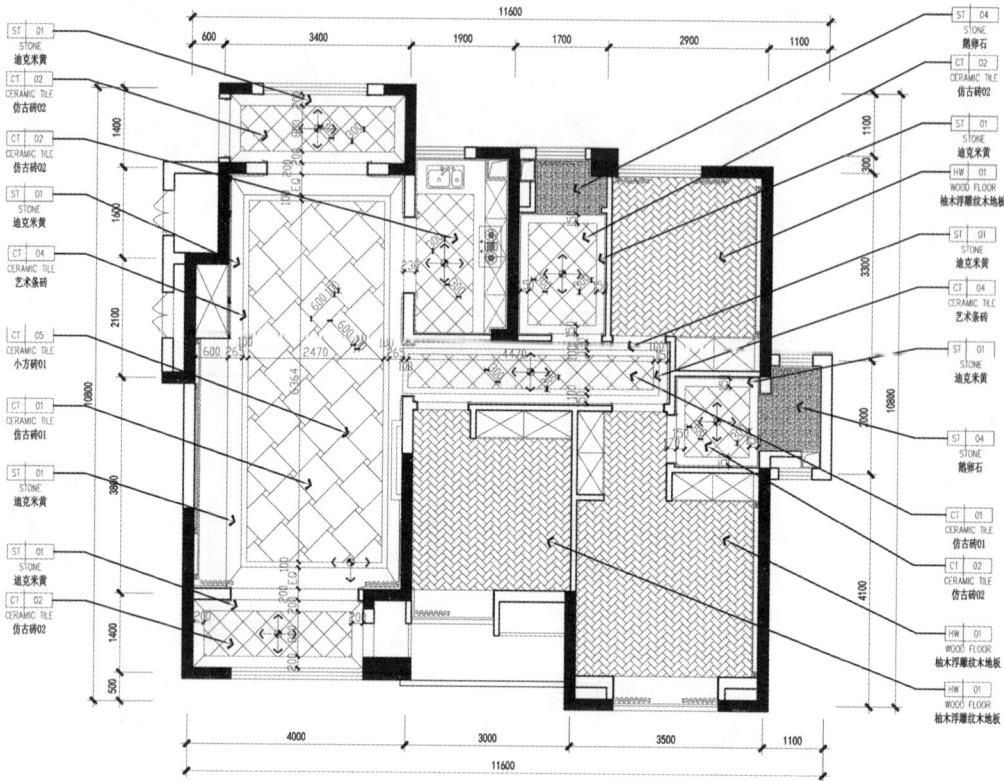

图2.21 地面材料图

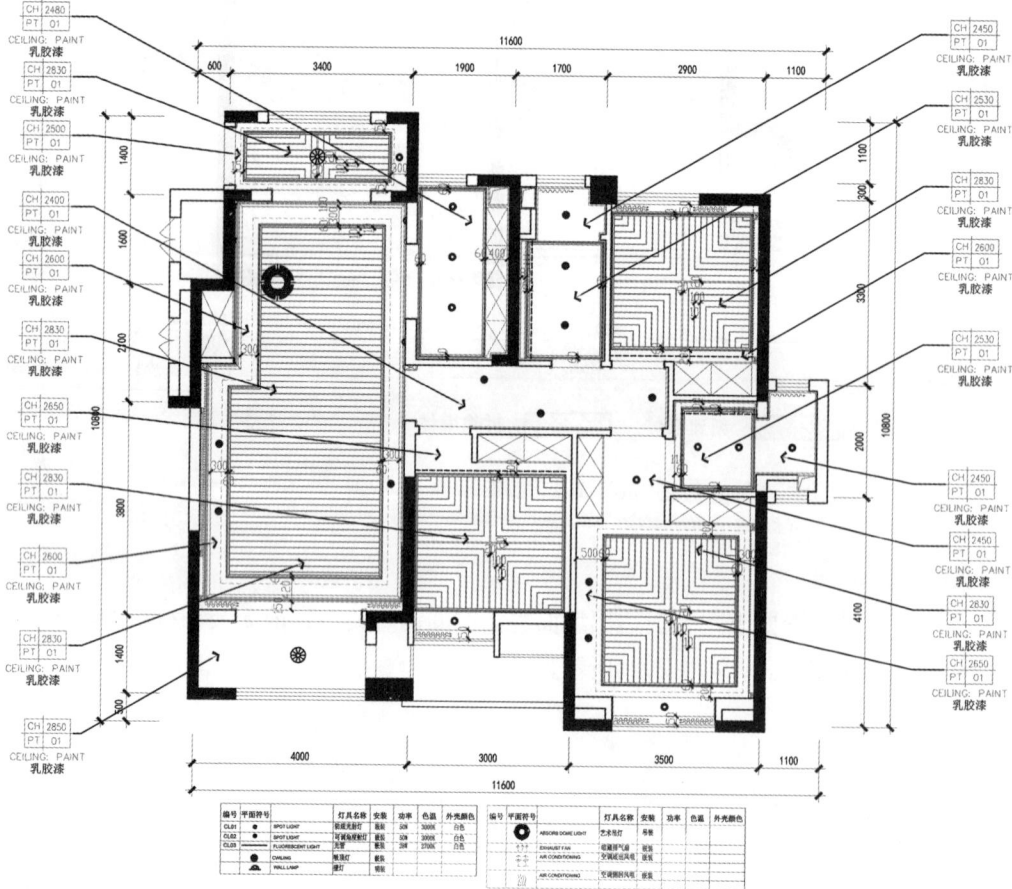

图2.22 天花布置

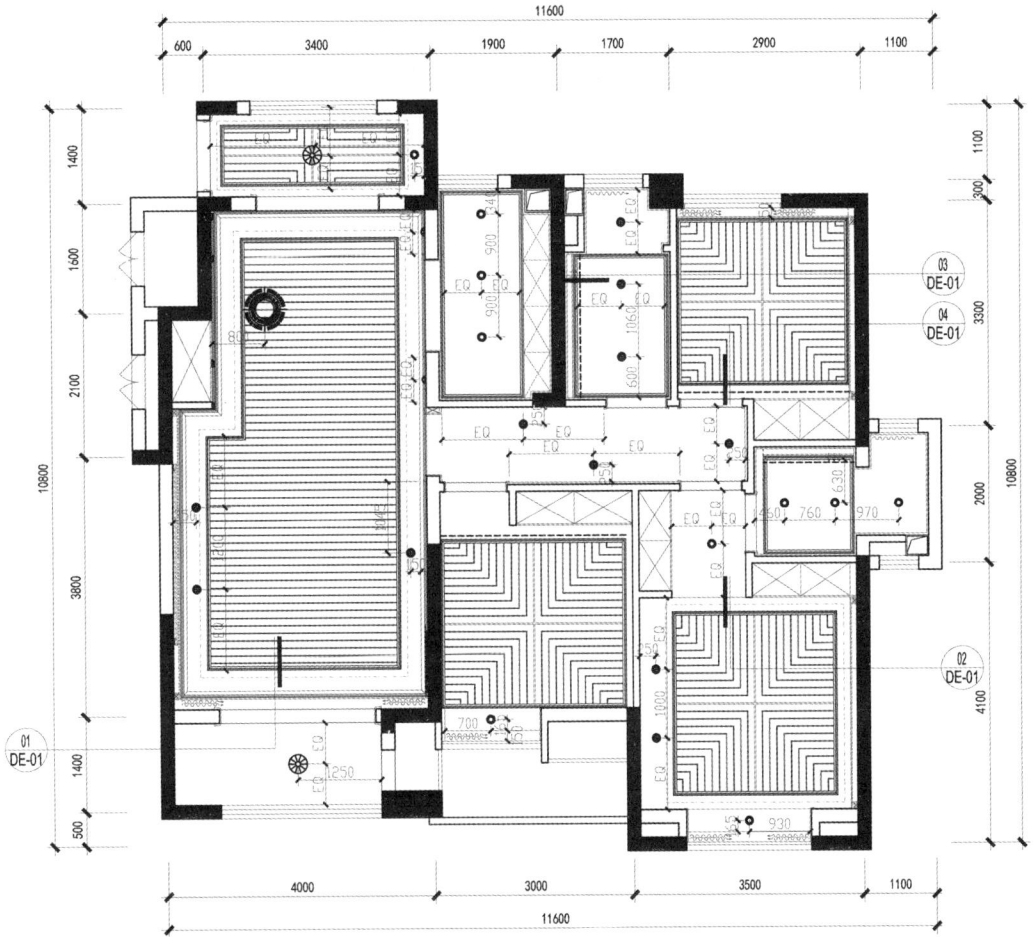

图2.23　灯具尺寸图

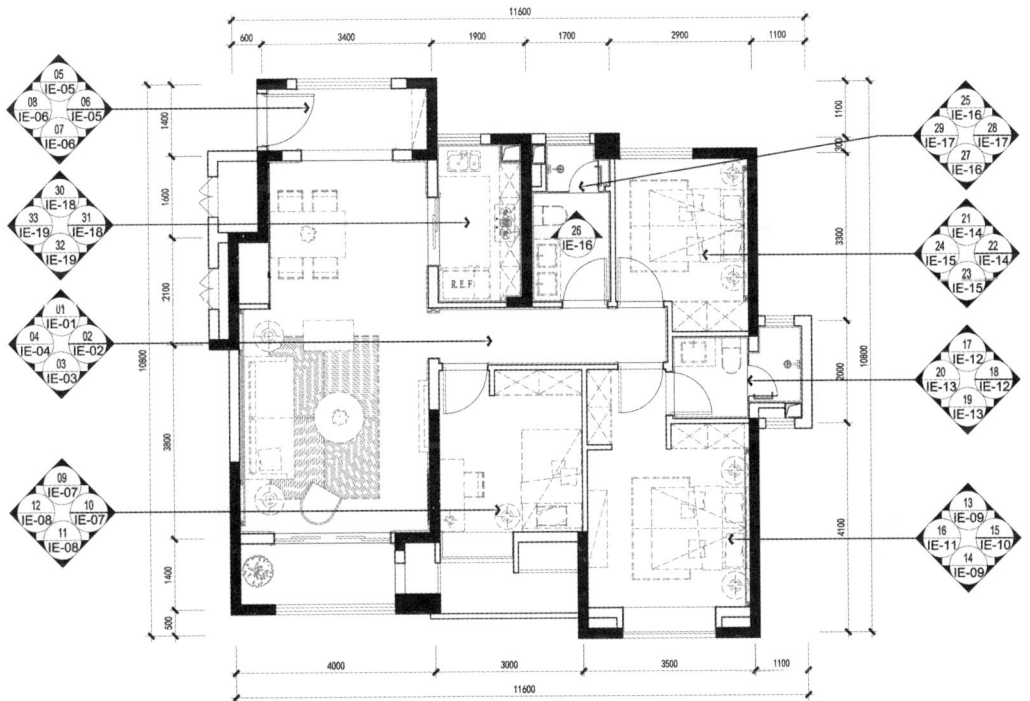

图2.24　立面索引图

天花布置图要求主要表达出灯位，灯具的种类、款式，并配以图例；吊顶的造型、尺寸、材料及施工方法；各顶面的标高关系，如图2.22所示。

灯具尺寸图要求主要表达出灯具的具体位置，如图2.23所示。

立面索引图要求主要表达出各空间立面图的索引关系，如图2.24所示。

2.3.4 立面图类

立面图常用的比例为1:20、1:25，1:30、1:50。它包括投影方向可见的室内轮廓线、墙面造型及尺寸、标高、工艺要求，它能反映固定家具、装饰物、灯具等的形状及位置。立面要根据顶棚平面画出其造型剖面，在立面图的左侧和下侧标出立面图的总尺寸及分尺寸，上方或右侧标注材料的编号、名称和施工做法，尽量在同一张图纸上画齐同一空间内的各个立面，并于立面图上方或下方插入该空间的分平面图，让观者清晰了解该立面所处的位置。所有的立面比例应统一，并且编号尽量按顺时针方向排列；单面墙身不能在一个立面完全表达时，应在适宜位置用折断符号断开，并用直线连接两段立面；图纸布置要比例合适、饱满、序号应按顺时针方向编排；注意线型的运用，通常前粗后细；标出剖面、大样索引，立面编号用英文大写字母符号表示，如图2.25所示。

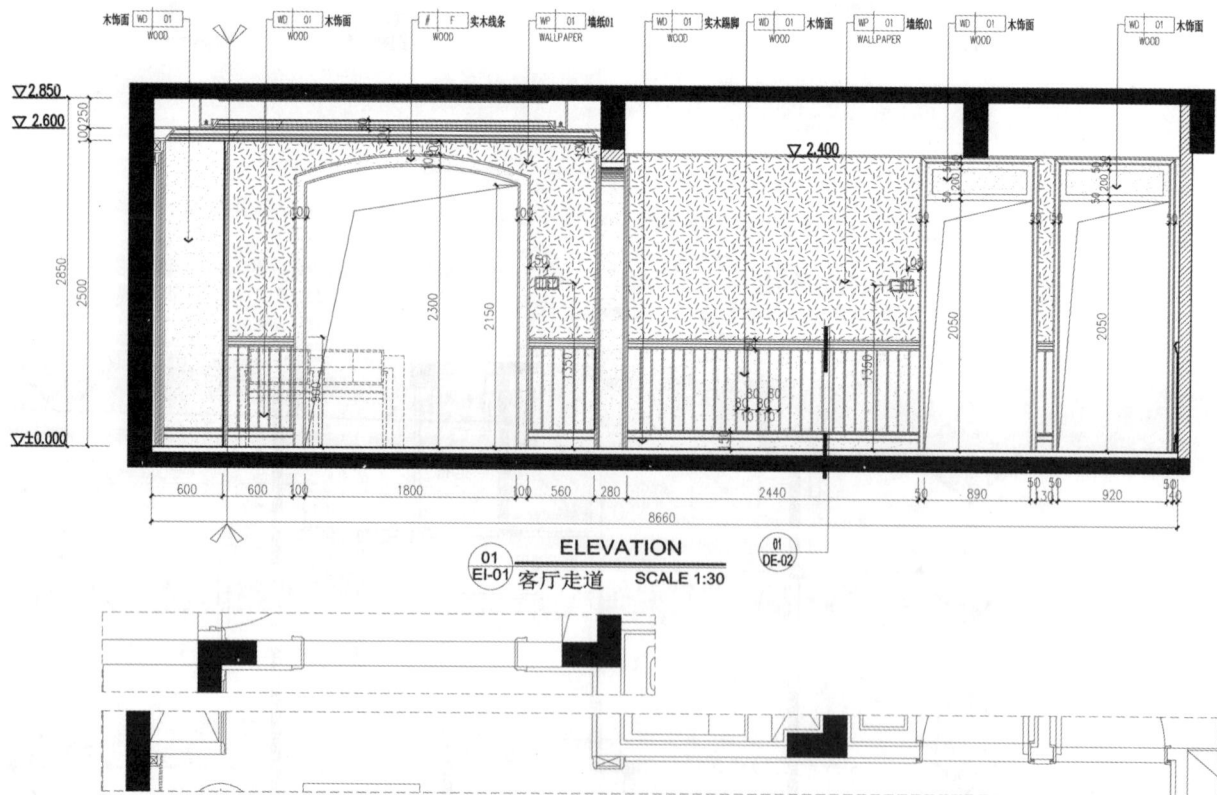

图2.25 客厅走道立面图

2.3.5 大样图类

大样图的常用比例为1：20、1：10、1：5、 1：2、 1：1。有特殊造型的立面、顶棚均要画局部剖面图及大样图，详细标注尺寸、材料编号、材质及做法。大样图可以反映各面本身的详细结构、材料及构件间的连接关系和标明制作工艺；反映室内配件设施的安装、固定方式。独立造型和家具等需要在同一图纸内画出平面、立面、侧面、剖面及节点大样；剖面及节点标注编号用英文小写字母符号表示，并为双向索引；所有的剖面符号方向均要与其剖面大样图相一致，如图2.26所示。

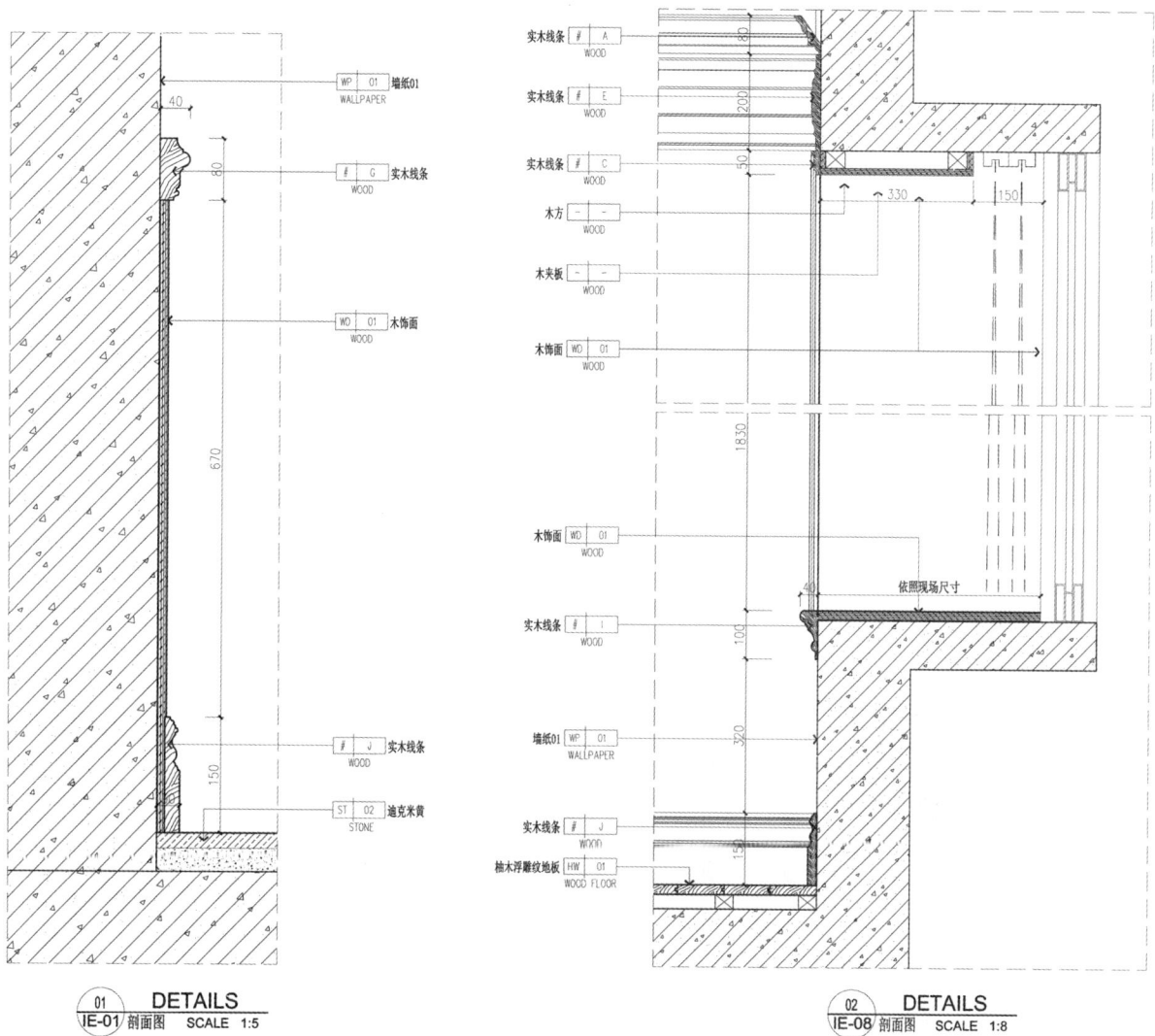

图2.26　大样图

2.3.6 水电设备图类

　　主要包括空调、水、电、采暖、消防等相关配套专业图纸。空调布置图要求画出空调的具体位置，如图2.27所示；开关连线图要求画出开关面板对于具体用电设备电路的控制方式，如图2.28所示；机电布置图要求注明各墙、地面的开关以及强弱电插座的位置，如图2.29所示；给排水定位图则要求注明空间中各用水终端的位置、给水排水的方式以及冷热水管的布置位置，如图2.30所示。

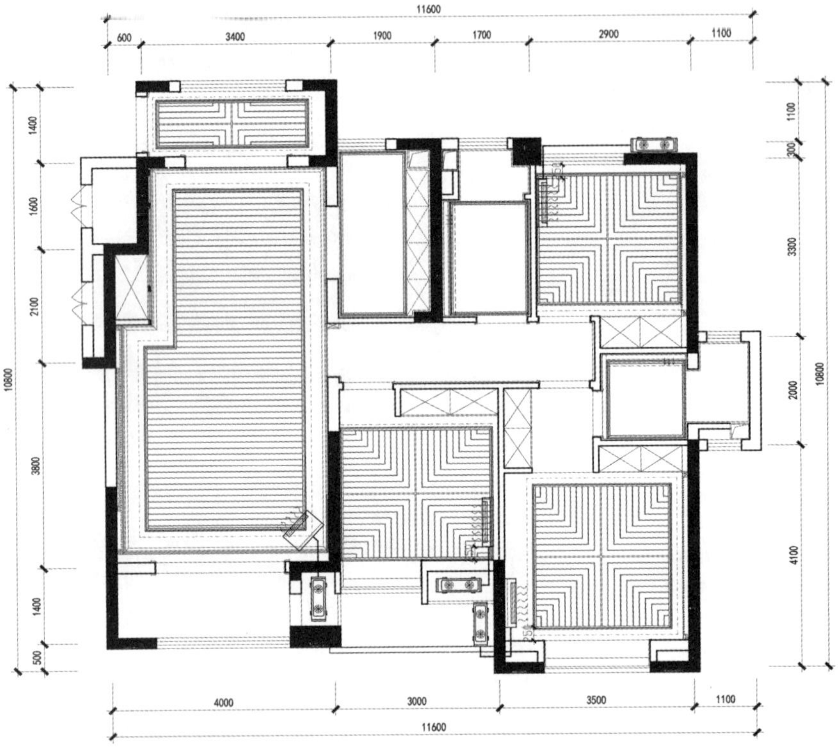

图2.27　空调平面图

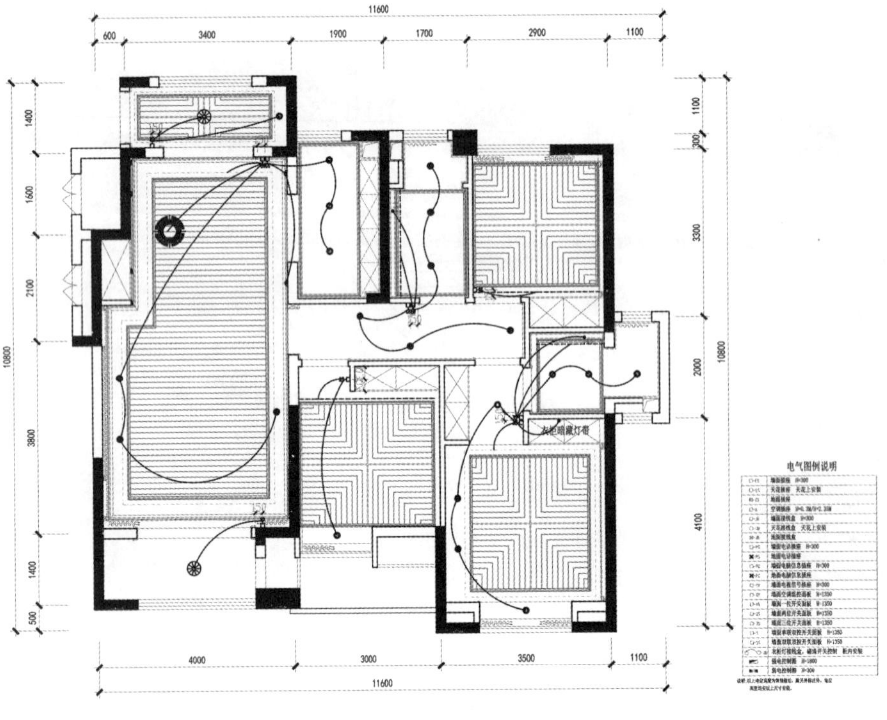

图2.28　开关连线图

图2.29　机电布置图

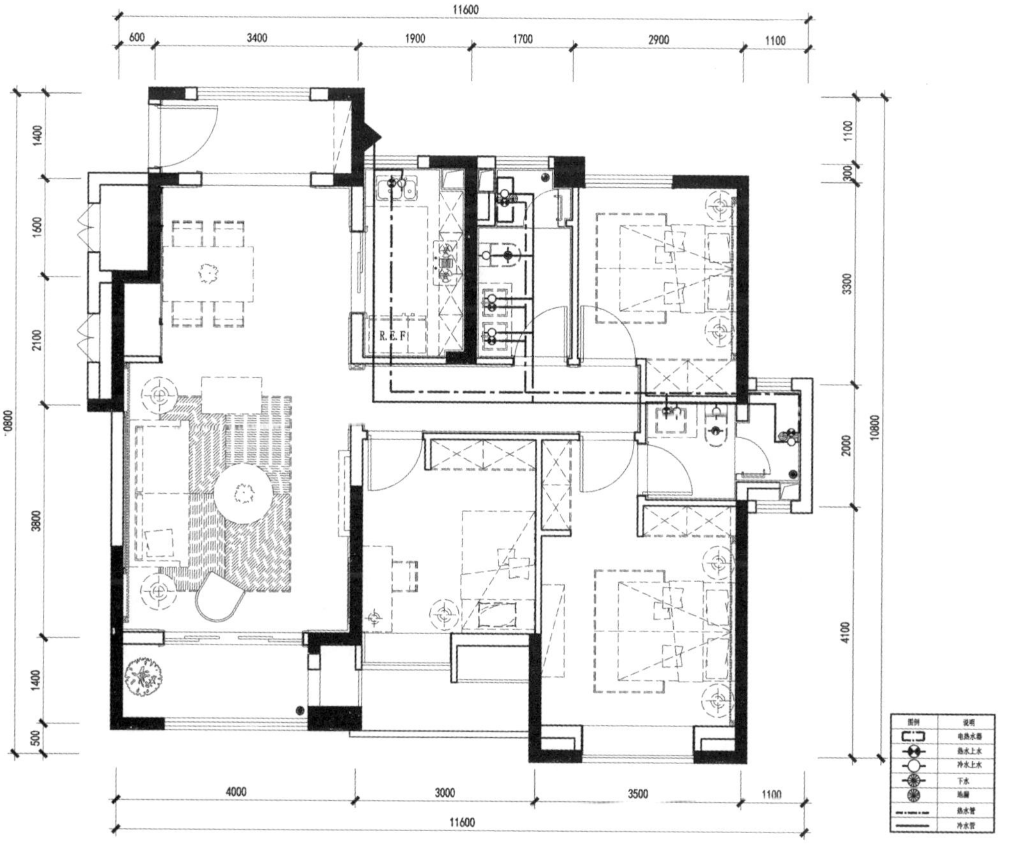

图2.30　给排水定位图

2.3.7　物料表

物料表主要包括：材料表、门窗表、洁具表、家具表、灯具表、五金表、艺术品陈设表等几项内容，要求注明材料的序号、分项、编号、名称、规格等内容。

2.4　本章实训任务

实训任务1：洽谈客户（或模拟洽谈）

项目名称	洽谈客户	参考学时	4学时
实训地点	工作室或装饰公司，视情况而定。		
任务目的	1. 体验与客户交流的现场氛围，学习谈判的方法和技巧； 2. 全面了解客户对装修的各项要求，并填写客户资料档案； 3. 了解三居室装饰设计的各项要求并锻炼收集相关信息的能力； 4. 应对客户、分析问题的能力； 5. 手绘设计草图的能力(空间局部效果)。		
任务要求	1. 通过交流，能够全面、详尽地了解客户的初步装修意向、年龄、文化层次、兴趣爱好、工作性质、可接受的价格等信息； 2. 能独立整理和提炼客户要求，在此基础上规划客户的装饰风格、材料的选择、投资意向等方面的基本框架； 3. 每小组独立撰写实训报告书及行动计划书； 4. 对客户提出的设计要求能通过草图勾画的形式予以表现。		
行动过程	1. 到校外实训基地观摩或在工作室模拟现场，师生之间进行提问、交流； 2. 倾听客户需求； 3. 回答客户咨询问题； 4. 向客户提问：空间功能需求、家庭人口结构、装饰风格、色彩搭配、材料选择、资金投入、水电暖设备安装要求等； 5. 填写客户需求资料表； 6. 撰写实训报告。		
考核标准	整个过程按学习情境评估表规定的项目评分。 本阶段作业主要以交流沟通为主，根据学生的不同表现，依据标准可将其分为四个等级： 1. 语言沟通能力强、收集的客户资料详尽，通过分析相关信息，能够快速准确地了解客户装修意向，在与客户交流的同时，对客户进行有益的引导；（90~100分） 2. 沟通能力较强，能准确把握客户心理和装修意向；（80~89分） 3. 能够通过多次的交流了解客户装修意向，收集的客户资料较为详细；（60~79分） 4. 通过多次的交流后，依然不能清楚准确地把握客户装饰意向、爱好等信息。（60分以下）		
材料准备	纸张、笔、客户资料档案表等。		

实训任务2：现场测量

项目名称	现场测量	参考学时	4学时
实训地点	待装修家居空间现场。		
任务目的	1.通过现场测量，认知空间，分析空间与空间的联系； 2.应知道家居装饰中现场量房的程序、步骤与方法； 3.应会计算空间内的建筑面积(应了解什么是套内面积和建筑面积)； 4.通过拍照、手绘简单透视图等方式，准确地记录空间的结构特点；详细记录各设备与墙体的距离和墙体的尺寸以及房屋的高度； 5.能够较为准确地测量空间的尺寸，并对建筑的结构和面层材料等有一定的掌握； 6.应会根据测量的数据，结合拍摄的图片等，准确地绘制出现有空间的平面图，并进行CAD制图。		
任务要求	1.熟练地掌握量房的科学方法和步骤； 2.所拍摄的照片要能够准确地记录空间结构特征； 3.根据测量数据绘制出户型图； 4.通过现场的勘量，对空间本身产生感性认知，锻炼空间感知把握能力。		
行动过程	1.看空间关系，画出空间平面草图，以便标识尺寸； 2.测量各个房间墙地面长宽高以及墙体、梁、门、窗的位置及尺寸； 3.要查看各种附属设置，包括管道、暖气、煤气、地漏、强弱电箱等的具体位置及相应尺寸； 4.通过目测、摸墙等方式来判断基层处理的质量，以及是否需要进行重新处理； 5.为了对整个空间有更好的把握进行拍照留底，这有利于对后期设计的准确把握； 6.与业主进行初步的沟通和交流，了解业主对房屋的构想和在使用功能方面的要求，并根据现场情况初步判断业主想法的可行性。		
考核标准	整个过程按学习情境评估表规定的项目评分。 本阶段作业主要以实操为主，根据学生的不同表现，依据标准可将其分为四类： 1.户型结构记录准确，数据测量精确且详细，CAD户型图绘制精美；　　　（90～100分） 2.户型结构记录比较准确，数据测量比较精确和详细，CAD户型图绘制符合制图规范；　　　　　　　　　　　　　　　　　　　　　　　　　　　　（80～89分） 3.户型结构记录基本准确，数据测量基本正确和完整，CAD户型图绘制基本符合制图规范；　　　　　　　　　　　　　　　　　　　　　　　　　　　　（60～79分） 通过长时间的测量，依然不能清楚准确地记录户型结构和相关数据。　（60分以下）		
材料准备	纸张、笔、卷尺、测量仪、照相机（或能够拍照的手机）等。		

第3章　家居空间的空间特征和整体布局

3.1 家居空间的空间特征

3.1.1 家居空间的组成

据国外家庭问题专家的分析,每个人也就是任何一个家庭成员在家居空间中要度过一生1/3的时间。而一些成员如家庭主妇和学龄前儿童在家居空间中居留的时间更长,甚至达到95%,上学子女在家居空间中的时光也达1/2~3/4。人在家居空间中居留的时间比重越大,其对生活空间环境的要求也越多,家居空间的内容也随着日益增加的要求变得愈加丰富。家居空间的组成实质上取决于家庭活动的性质构成,它范围广泛、内容复杂,但归纳起来,大致可分为群体活动空间和私密性空间两种类型。

1. 群体活动空间

群体生活区域是以家庭公共需要为对象的综合活动场所,是与家人共享天伦之乐以及与亲友联络感情的日常聚会的空间,它不仅能适当调剂身心、陶冶性情,还可以沟通情感、增强幸福感。一方面,它成为家庭生活聚集的中心,在精神上反映着和谐的家庭关系;另一方面,它是家庭和外界交际的场所,象征着合作和友善。家庭的群体活动主要包括聚谈、视听、阅读、用餐、户外活动、娱乐及儿童游戏等内容,如图3.1所示。这些活动的规律、状态根据不同的家庭结构和家庭特点(如年龄)有极大的差异。我们可以依据空间的功能上的不同需求定义门厅、起居室、

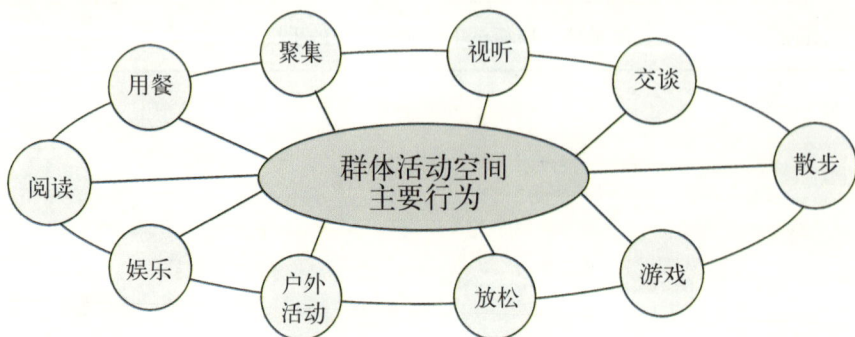

图3.1

餐厅、游戏室、家庭影院等群体活动的空间。

2. 私密性空间

私密性空间是为家庭成员独自进行私密行为所提供的空间，如图3.2所示。它能充分满足家庭成员的个体需求，既是成人享受私密权利的禁地，亦是子女健康不受干扰的成长摇篮。设置私密性空间是家庭和谐的基础之一，其作用是使家庭成员之间能在亲密之外保持适度的距离，可以维护家庭成员必要的自由和尊严，解除其精神负担和心理压力，获得自由抒发的乐趣和自我表现的满足，避免他人无端的干扰，进而促进家庭和谐。私密性空间主要包括卧室、书房和卫生间(浴室）等。卧室和卫生间（浴室）是供个人休息、睡眠、梳妆、更衣、沐浴等活动和生活的私密性空间，其特点是针对多数人的共同需要，根据个体生理和心理的差异、根据个体的爱好和格调而设计；书房和工作间是个人工作、思考等突出独自行为的空间，其特点是针对个体的特殊需要，根据个体的性别、年龄、性格、喜好等因素而设计。完备的私密性空间具有休闲性、安全性和创造性，是家庭成员自我平衡、自我调整、自我袒露的不可缺少的空间区域。

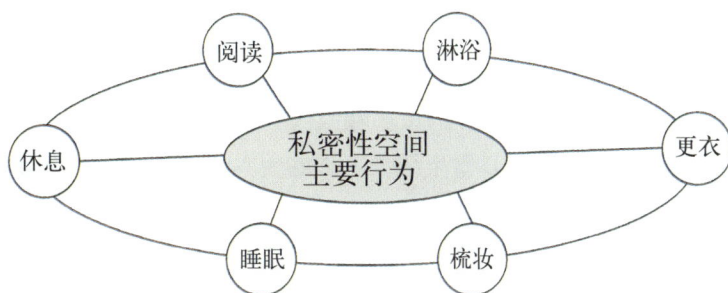

图3.2

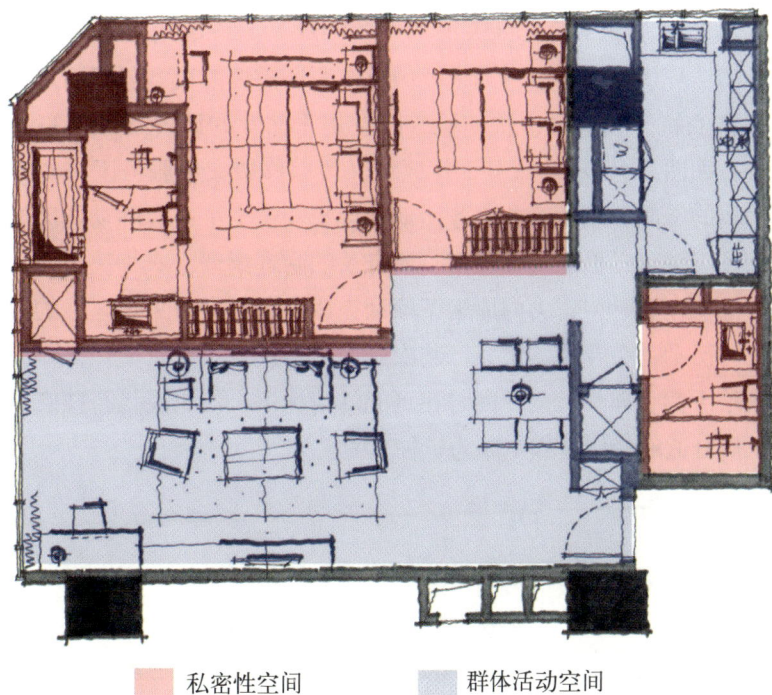

私密性空间　　　群体活动空间

图3.3

3.1.2 家居空间的实用功能

1. 家务区域空间

图3.4

一个居室为人们提供了一整套的设施和空间，满足了人们生活、休息、工作，娱乐等一系列的要求，是人们日常生活、工作的大本营。假如不具备完善的家务活动的工作场地及设施，承担家务的家庭成员必将忙乱终日，疲于应付，不仅会对个人身心造成不良影响，同时会给家庭生活的舒适、美观、方便等方面带来损害。相反，如果家务工作环境能够提供充分的设施以及操作空间，不仅可以提高工作效率，给工作者带来愉快的心情，而且可以一定程度地把家庭主妇从繁忙的事务中解放出来，让她们参加和享受其他方面的有益活动。家务活动以准备膳食，洗涤餐具、衣物，清洁环境，修理设备为主要内容，它所需要的设备包括厨房、操作台、清洁机具（洗衣机、吸尘器、洗碗机）以及用于储存的设备（如冰箱、冷柜、衣橱、碗柜等)，如图3.4所示。家务工作区域又可以移做家庭服务区，它为一切家务活动提供必要的空间，以便这些家务活动不会影响住宅中其他的功能区域。同时良好的家务工作区域可以提高工作效率，使有关的膳食调理、衣物洗熨、维护清洁等复杂事务，都能在省时、省力的原则下顺利完成。因而家务工作区域的设计应当首先给予每一种活动一个合适的位置，其次应当根据设备尺寸及使用操作设备的人体工程学要求给予其合理的尺度。同时在可能的情况下，使用现代科技产品，使家务活动能在正确舒适的操作过程中成为一种享受。

2. 生活区域空间

家居空间作为家庭成员日常生活的重要场所，由客厅、卧室、餐厅、书房等多个子空间共同组成，如图3.5所示。生活区域包含了会客、休息、读书、就餐等诸多方面的场所。因此，一个良好完善的住宅生活区域对于居住者就显得至关重要。

生活区域空间必须强化"家"的概念，强调亲切感，使空间首先保证人性化，

图3.5

然后要求个性化。由于居住者生理和心理上的差异，每个个体所要求的空间品质亦有所不同，但生活区域空间至少能够保证居住者从公共空间的紧张感中解放出来。生活区域空间的设计重点在于空间的氛围营造要与使用者的审美要求相统一，同时要保证生活区域内各种构成要素（沙发、茶几、电视柜等）的设置具有一定的实用性，能够满足生活起居所遇到的所有问题。这些需要合理的空间布局，具有个性的色调以及丰富的空间层次。

对于多个居住者共同居住的生活区域空间，在空间条件允许的情况下，要考虑到会谈、就餐、阅读、娱乐、视听等多个功能区域的设置。原则上可将功能相近、活动性质类似的活动区域并为同一区域，从而扩大单个活动的空间。

3.1.3 家居空间的形态和装饰手段

1. 功能完备，组织丰富

随着社会不断进步以及人们生活质量的不断提高，住宅的空间在组织、功能、内容上也在不断地变化。功能由单一到简单又到多样，并且还在随着生活内容的变化逐步走向完备。经过分析不难发现，家居空间的功能已由单一的就寝、吃饭演化为集休闲、工作、清洁、烹饪、储藏、会客、展示等多种功能于一体的综合性空间系统，如图3.6所示。并且，就寝、就餐之外的空间比重还在日趋增大。当前在许多高标准的住宅中，满足居住者多样需求也已成为一种时尚。空间功能的划分更加细致和精确。细致在于因家居空间之中各种功能需求的设施愈来愈多，并且这些必备的设施往往影响着单元空间的形态和尺寸，甚至功能组织。如社会化生产为人们提供了厨房设备、炉具、抽油烟机、冰箱、微波炉、洗碗机以及清洁设施；如卫生洁具、洗衣机、吸尘器等设施的尺寸和使用方式规范不但约束着空间形态本身，而且给空间组织也带来许多制约。

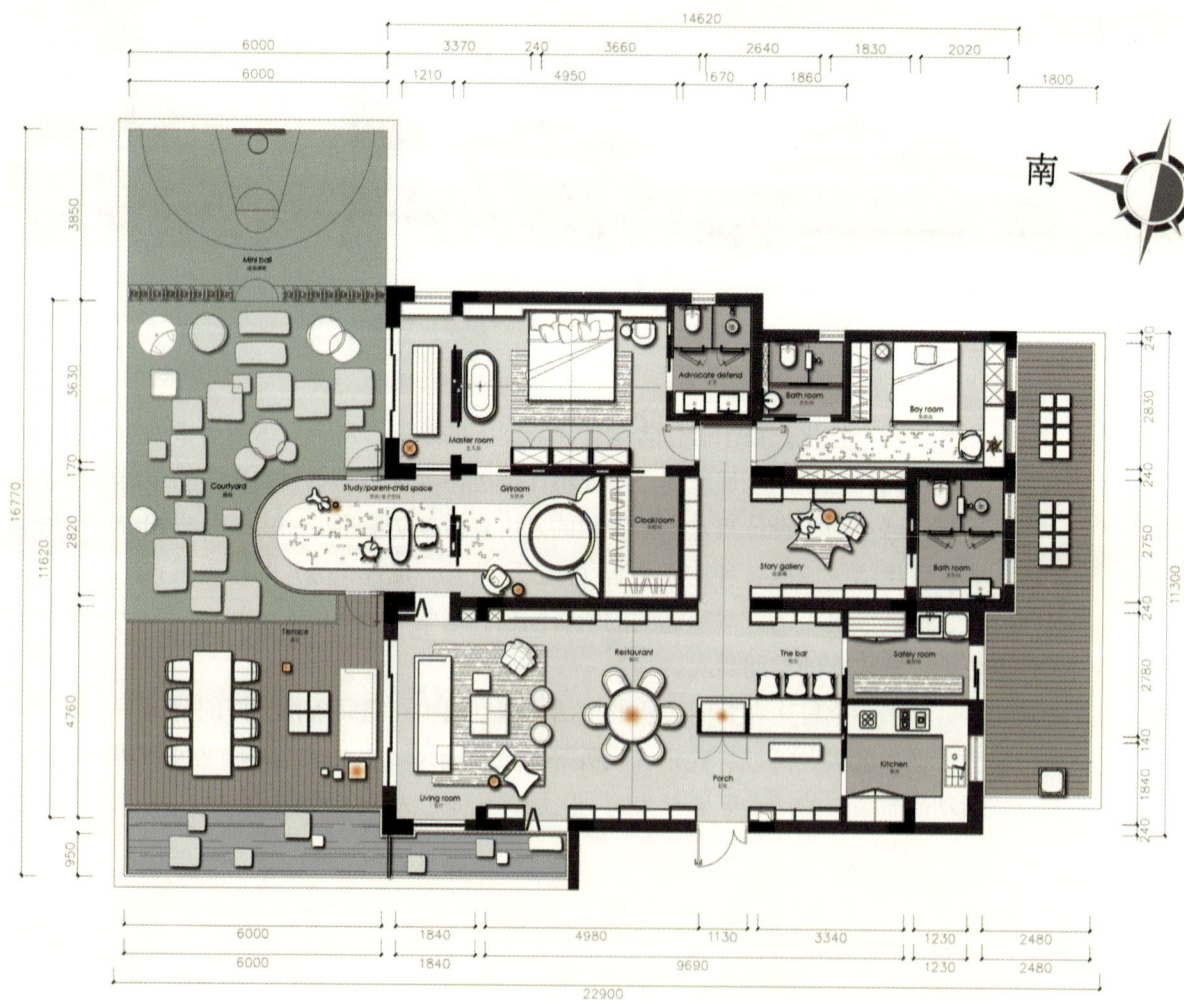

图3.6

同时，随着住宅空间功能的发展多样化、设施化，其空间系统的组织方式也更加多变，形成的空间在形态、层次上日趋多样，空间视觉观感也日渐丰富、精彩。复合性的空间形态、流动的空间形态取代了单一、呆板的空间形态。室内空间形态在水平方向和垂直方向上都在不断丰富着，并且常常两者结合以产生更加动人的空间，也正是功能的多样化为空间的组织手法提供了变化的余地。

2. 动静分区明确，主次分明

家居空间无论功能变化有多少样，组织手法有多么丰富，但是剖开它呈现的表面，不难看出家居空间在空间的动与静、主与次的关系上是相当明确的，如图3.7所示。首先来看动与静。在众多的功能中，公共活动部分如客厅、餐厅以及家务区域的厨房，都属于人的动态活动较多的范围，属于动区。其特点是参与活动的人多，群聚性强，声响较大，如看电视、听音乐、谈天说地、烹饪清洗等活动。这部分空间，可以靠近居室的入口部分。而家居空间中的另一类空间如卧室、卫生间、书房则需要安静和隐蔽，应该布置在远离入口的部位，并采取相应的措施如走廊、隔断、凹入等使居住者隐蔽、私密等要求得到保障和尊重。

在家居空间中，动的区域和静的区域必须在布局上和处理技术手段上采取多种必要措施进行分隔，以免形成混杂穿套以至影响人的睡眠及心理。如卧室的门直接对着客厅，会使主客都感到不适，卫生间的门直接对着客厅，则会使人很尴尬。另一方面，家居空间无论大与小，层次丰富与简单，都有一个核心的部分，即一个家庭的中心。这个中心就是客厅，它凝聚着家庭，联系着外界。客厅空间往往开敞，家具的布置以及生活用具的布设也常常多样。客厅的位置和规模是突出的，它统率着整个空间系统，一方面容纳了家庭中重要的活动，另一方面解决了众多联系、交通的问题。

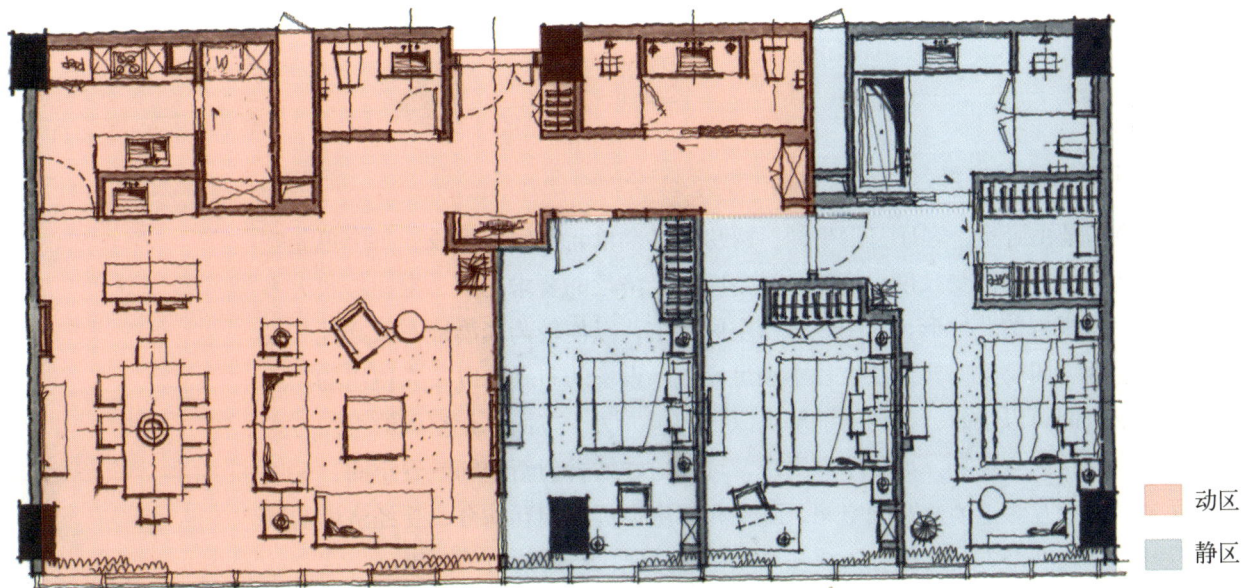

动区
静区

图3.7

3. 空间规模尺度小巧、精确

家居空间与大多数其他民用的公共空间相比较，尺度都相对较小，这是经济和心理两方面因素所决定的。首先住宅在世界范围内是一种特殊商品，随着人多地少问题的日趋严重，人类居住的空间将成为愈来愈昂贵的商品。绝大多数人的经济条件制约着人们在住宅空间上的消费要求，而住宅的承造者和开发商也在想方设法降低开发住宅的成本。这两方面的要求使得住宅空间在高度和面积上都很严谨、精确，它既满足了人们对住宅功能的最基本要求和人体工学的要求，又吻合了人们的消费水平。小巧、精确是它尺度上的特征，如图3.8所示。当今我国的商品住宅中，建筑层高大多在2.8m左右，卧室的开间尺寸也多为3.3～4.2m。随着住宅商品化的进一步发展，家居空间的空间形态将和全社会经济发展、人们的收入与消费能力进一步挂钩，将会更加精确。家居空间形态的这种特征使得家具的尺寸及布置的方式，装饰手法都随之发生变化，也逐步走向精确。

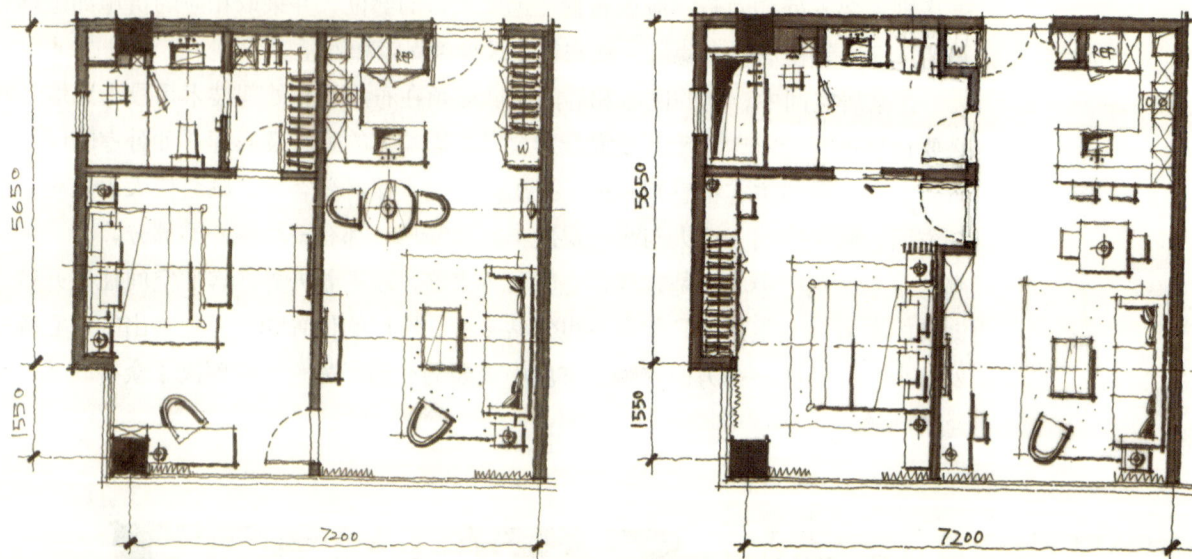

图3.8

4. 空间形状简单实用，使用效率高

家居空间是由卧室、客厅、卫生间、厨房等多个单元空间所组成。每个单元空间功能较为单一，同时受尺度、设施、设备以及经济性的要求约束，空间形状大多简单实用，呈规则的几何形，其中以矩形空间为主，以便较为紧凑地布置家具和设施。如卫生间、厨房空间其形状应基本满足设施、设备的布置，以及人使用的尺度要求。矩形空间可以很好、很经济地解决以上问题。另一方面单元空间的组织方式也会对空间形状产生影响，如餐厅和厨房，可以巧妙结合为新型的就餐空间，餐厅和客厅也可以相互渗透为复合型空间，卧室和书房也可以相互结合。受经济性的制约，以一种轴线网络方向的组合，往往可以达到简便、节约的目的。因而，在家居空间组织和家具布置上往往是单一的方向性，以避免为求变化而产生的浪费现象，提高家居空间的使用效率，如图3.9所示。

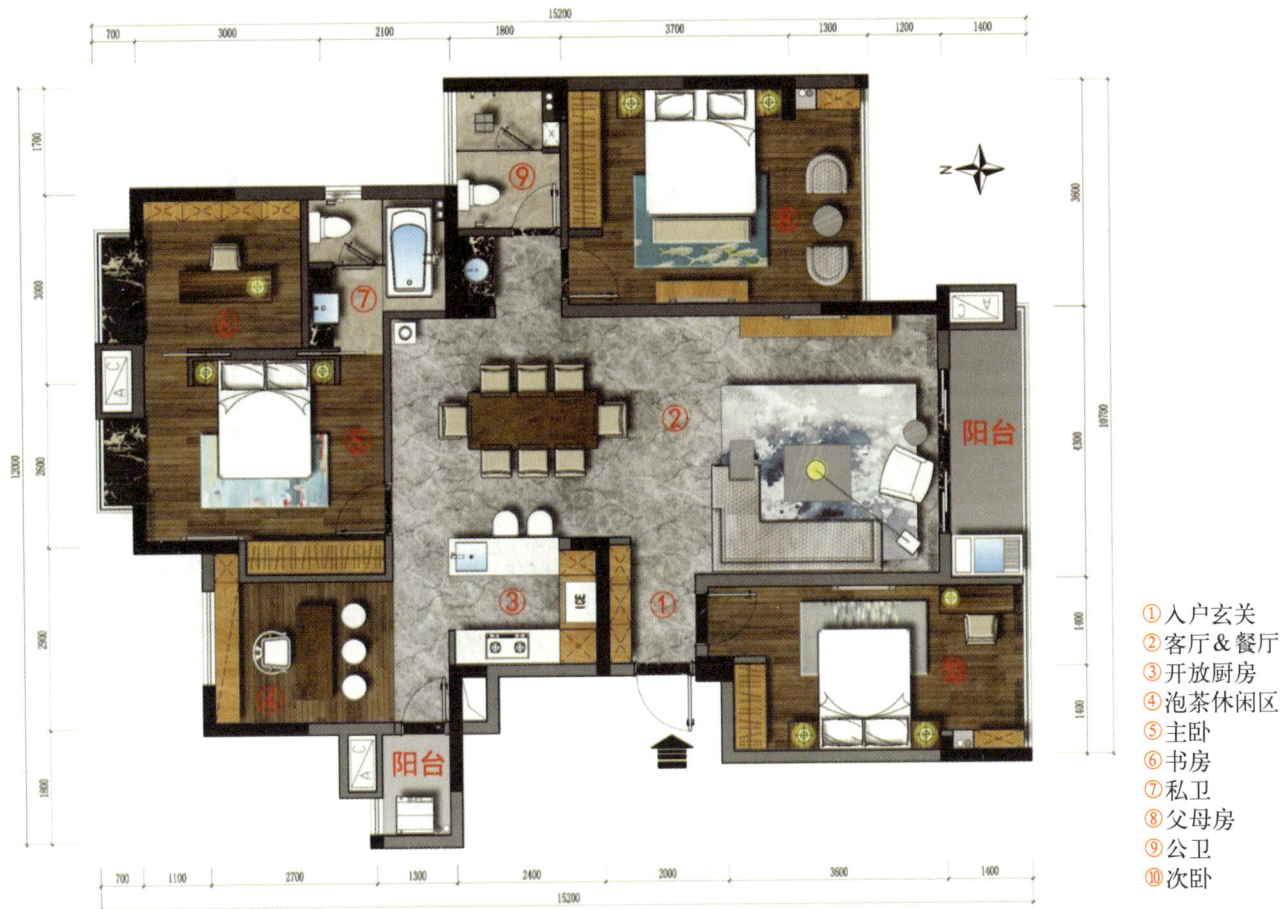

图3.9

① 入户玄关
② 客厅＆餐厅
③ 开放厨房
④ 泡茶休闲区
⑤ 主卧
⑥ 书房
⑦ 私卫
⑧ 父母房
⑨ 公卫
⑩ 次卧

5. 装饰手段的多样性

　　家居空间设计的目的是为人们创造一个舒适的生活、学习与工作的环境。在这个环境中包括装修设计、家具与陈设艺术品的布置等。要把设计、施工、材料、界面处理同家具与陈设品的摆放结合起来综合处理，才能为空间提供完美的个性特点，如图3.10所示。

　　室内空间的装修设计包括墙面、地面、顶棚等界面的处理。这些界面决定了室内空间的结构、大小和格调。它们既遮风挡雨又为人们提供了私密性空间，并且对室内的光线、温度、声音和视野也产生重要的影响。

　　家具是家居空间设计中与人的各种活动关系最为密切的。家具的布置是家居空间设计中重要的组成部分，与室内环境形成一个有机的统一体。家具普遍具有实用性与装饰性两方面功能。人们的室内空间活动大部分都是围绕着家具而展开的，家具的设计和组合布置成为室内空间装饰的主体。不同的家庭有着不同的生活方式，家具的布置直接为人们的工作、学习、社交、娱乐等活动服务，家具的样式与摆放直接体现了人们在住宅中的生活方式。实现空间的使用功能、充分合理地组织利用空间和创造良好的空间氛围是家具组织布置的根本原则。在确定的空间环境中，无论家具的布置数量和形式如何变化，都不能偏离这一原则。

对空间环境进行艺术陈设的配置也是十分重要的。包括装饰织物、植物绿化、灯饰等。陈设艺术不是孤立存在于空间环境之中，必须与室内空间的其他构成形态相配、相协调。

图3.10

3.2 家居空间的人体工程学要求

3.2.1 人体工程学的概念

随着人们生活水平的提高和科学技术的进步，对生活环境的舒适性、效率性和安全性等方面都有了更高的要求。室内设计师必须对"人"有一个科学全面的了解，人体工程学正是这样一门关于"人"的学问。

人体工程学又叫人类工学或人类工程学，是第二次世界大战后发展起来的一门新科学。本义是"工作、劳动、规律、效果"，即探讨人们劳动工作效果、效能的规律，它以人—机关系为研究的对象，以实测、统计、分析为基本的研究方法。

从室内设计的角度来说，人体工程学的主要功用在通过对生理和心理的正确认识，使室内环境因素适应人类生产生活的需要，进而达到提高室内环境质量的目标。人体工程学的中心应该完全放在"人"的上面，室内设计时人体尺度具体数据尺寸的选用，应考虑在不同空间与维度的状态下，人的动作和活动的安全，以及大多数人的适宜尺寸，并强调其中以安全为前提。根据人的体能结构、心理形态和活动需要等综合因素，充分利用科学的方法，通过合理的室内空间和家具布置的设计，达到使人在室内的活动高效、安全和舒适的目的。

3.2.2 人体在居住空间中活动的尺度要求

两个较高家具之间（例如书柜和书桌之间），一般应有600～750mm的间隔；

两个矮家具之间（例如茶几与沙发之间），一般需450mm的距离；

双人床的两侧均应留有400～600mm的空间，以保证上下床和整理被褥方便。

当座椅椅背置于房间的中部时，它与墙面(或椅后的其他物体)间的距离宜大于700mm，否则在出入座位时将感到不便，若座位后还要考虑他人的通行，则在人就座后椅位与墙面之间应留有610mm的距离；倘若过往的人又需端着器物穿行则此距离还需加至780mm；要是只留400mm，仅可供人侧身通行。

向外开门的柜橱及壁柜前，需留出900mm左右的空间；如果柜前的空间不够宽敞，而人们又常需在此活动时，拉门可能是更好的办法。

当采用折叠式家具(也可能是多功能的)时，如沙发床、折叠桌等，应备有与家具扩充部分展开面积相适应的空间。

若人体的平均身高以1.7m计算，则1.7m以上的柜就不宜放常用物品了；而当柜高达2m以上时，则只有借助外物才能顺利地取用物品了。

我国女子的平均身高约为1.6m，因此，厨房中工作面的高度以定在800mm左右为宜。

站在柜架前操作时，需要600mm左右的空间，而当人蹲在柜架前操作时，则需有800mm左右的空间才够用。

由此可见，人们在室内活动所需的基本空间尺寸不能忽视，在安排布置家具时，应参考表3.1提供的数据，尽可能予以保证基本活动空间。但遗憾的是，就目前国内绝大多数家庭的居住条件来说，无法做到摆放每一件(组)家具均考虑所需的活动空间尺寸。这就提出了如何重复利用这些活动空间的问题，即涉及家具布置的技巧。如就一张写字台、一把座椅、一个单人沙发的组合而言，若用三种不同的方法布置，则会出现该组家具的实际占地面积各不相同的结果。

表3.1

室别	净距名称	净距尺寸（cm）
起居室	交通主线	120～180
	次交通线	40～120
	沙发与茶几间距	30
	沙发或椅前伸脚空间	45～75
	写字台或钢琴前座椅空间	90
餐室	餐桌与陈设间距	45～50
	就坐空间	50～90
	餐桌、椅周围供应交通线	45～60
	餐桌与墙壁间距	75
卧室	铺床空间	45～60
	对床空间	45～70
	五斗柜前空间	90
	更衣空间（双面）	（各）90～120
	床与衣柜之间	150

注：表中的间距尺寸仅是一般情况下采用的经验数据，在大多数情况下是适用的，在处理特殊问题时，应与本书有关的设计资料配合使用。

3.2.3 家居空间中家具的基本尺度

家居空间中的家具种类繁多，形式多样，不同类别的家具在尺度上差异很大，而不同形式同一类别的家具则基本的尺度大致相同。同类家具的尺度是由其使用功能决定的。储藏和陈列类的家具如衣柜、书柜、博古架等，其尺度首先应满足所储藏物件的尺度要求。如衣柜的高度和衣物的最长尺度相吻合，其深度又和衣物基本宽度相吻合，书柜搁架的高度和深度应以书籍的高宽尺寸为参照。而另一类家具主要的服务对象是人，如桌、椅、床等家具尺度则要满足人在不同状态下的尺度要求。另一方面家具的尺度和形态义要和人在使用时的活动范围密切相关。如书架除了满足书籍收藏的要求以外，还要满足人取书时的高度要求。上下铺的床除了满足人就寝时的基本尺度以外，还要兼顾人上下床以及穿衣、看书等活动的要求。家居空间设计中，不同家具类别具体的基本尺度请参考《室内设计资料集》一书。

3.2.4 不同规格家居空间的空间布局和功能设计

1. 小户型大空间的设计手法

对于家居空间来说，考虑到不同家庭的家庭情况和居住条件各不相同，追求的空间价值也不尽相同，因此进行设计时处理的重点和手法也各不一样。先来看小户型大空间的设计手法。小户型空间较小，但也要满足起居、会客、储物、学习、餐饮、就寝等多种功能。如何通过合理的空间布局和功能设计满足人们的生理和心理需求，这就需要对小户型空间进行合理的布置和设计，使居住者在小户型也有大空间的感受。

小户型设计时空间布局最大的问题就是空间受限，多数人都希望在有限的面积内，多隔几个独立的房间，但是房间数量太多，反而会让空间更加零碎，每个空间都变小，阳光也无法到达每一个区域而使空间过于阴暗。同时空间分散各处，动线缺乏交集，家人难以互动而产生孤立感。设计师可以采取拆除多余间隔，使空间合而为一的设计方法，在这个过程中需要关注以下方面的问题：①思考哪些空间合并起来最好用；②拆除多余隔墙时，注意日光的来源，做到顺光拆除，争取采光效果的最优化；③在整合和调整隔墙时，要把公共区和卧寝区分开来看，一般来说先确定好公共区，再来协调卧寝区；④即便要区隔，也应合理利用隔断，保持空间通透，以争取视觉上的延伸，起到放大空间的效果。

图3.11所示是一个家居空间的原始平面规划图，从图中可以看出两个主要的问题：一是原始格局规划产生太多不必要且浪费空间的过道；二是隔成三房，公共空间变得狭隘，缺少开放感。针对这两个问题，设计师的解决方案是：其一为隔墙拉齐，重整畸零地。具体做法为利用大型柜体以及拉门，将主卧、卫浴及厨房的隔墙线条拉齐，营造视觉上的利落感，也把因隔间形成的过道空间划入适用范围，达到巧妙扩充空间的目的，也避免产生畸零地。其二为拆除一房，释放空间打造开阔感。具体做法是：拆除一房，释放空间，借此扩大公共区域，并以开放式设计串联餐厅，打造开阔且可增加家人互动的生活空间。而且拆除隔墙，增加一面采光，也

解决了公共区域原本光线不足的问题，如图3.12所示。

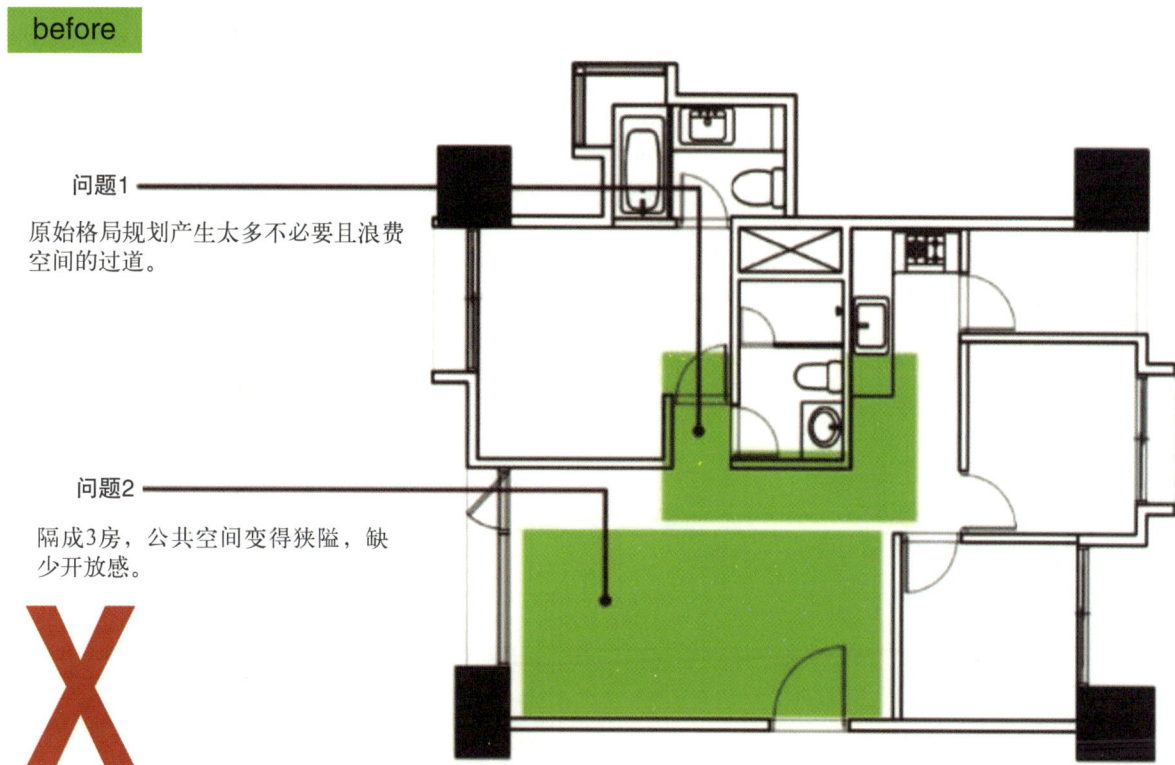

before

问题1

原始格局规划产生太多不必要且浪费
空间的过道。

问题2

隔成3房，公共空间变得狭隘，缺
少开放感。

图3.11

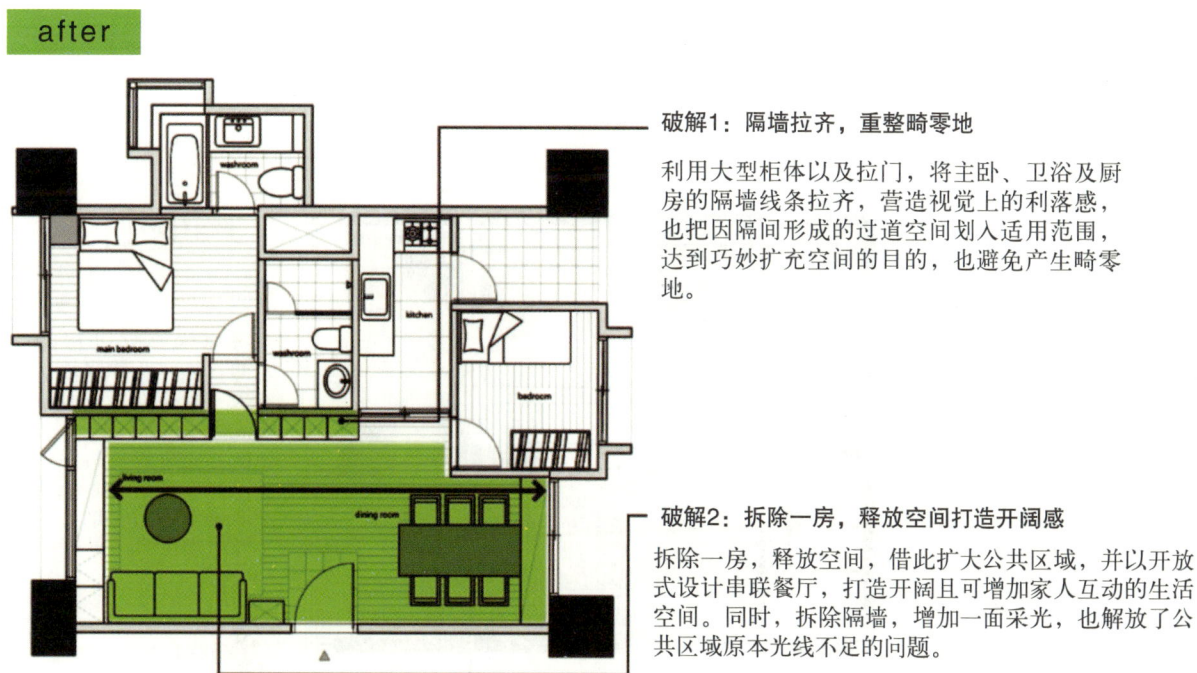

after

破解1：隔墙拉齐，重整畸零地

利用大型柜体以及拉门，将主卧、卫浴及厨
房的隔墙线条拉齐，营造视觉上的利落感，
也把因隔间形成的过道空间划入适用范围，
达到巧妙扩充空间的目的，也避免产生畸零
地。

破解2：拆除一房，释放空间打造开阔感

拆除一房，释放空间，借此扩大公共区域，并以开放
式设计串联餐厅，打造开阔且可增加家人互动的生活
空间。同时，拆除隔墙，增加一面采光，也解放了公
共区域原本光线不足的问题。

图3.12

面对小户型设计，在房数足够的情形下，有时会出现空间比例不适当的情形，比如卧室过大或者卧室过小不能当卧室使用。此时可以采取微调格局，调整各区域空间比例的设计手法。在此过程中，我们有以下具体的解决方法：A.拆除隔间重调比例，转换空间角色；B.拉齐墙面，避免畸零空间；C.隔间向外挪一些，扩增空间功能。

如图3.13所示的小户型家居空间的原始规划呈现出两个明显的问题：其一，空间不足无法满足主卧的功能需求；其二，规划不符合生活动线，进而造成使用上的尴尬与空间的浪费。设计师的解决方案是：一，拆除隔墙，重新规划主卧完整功能。具体做法是将原来临近卧房的空间，通过拆除隔墙，扩大主卧空间，并且重新规划出更衣室、书桌区。主卧侧墙拆除，改以双面柜取代，减少隔墙争取多余空间，也巧妙增加收纳。二，客厅、厨房位置互调，打造合理动线。具体做法为：拆除原始厨房入口处墙面，增加空间开阔感，并通过客厅与厨房位置互换，调整出合理动线。由于只有单面采光，因此厨房舍弃橱柜吊柜，以镂空柜取代，以便使光线可以直达客厅区域，如图3.14所示。

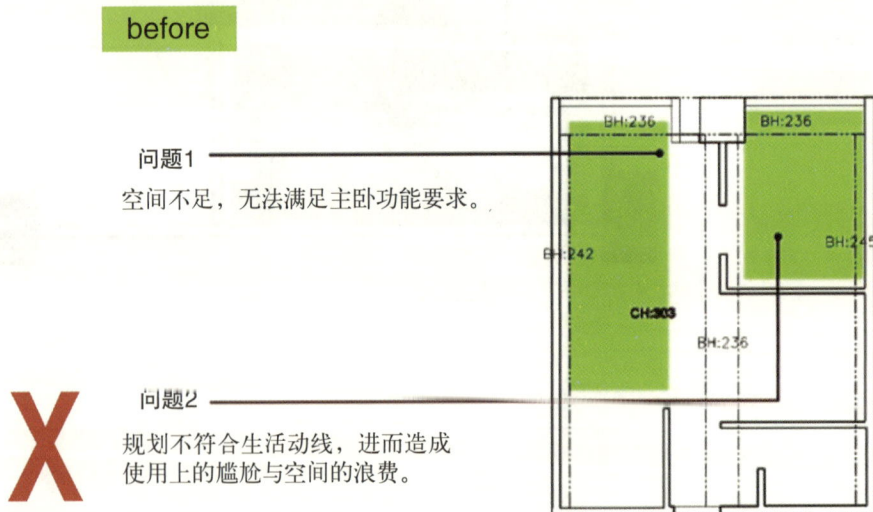

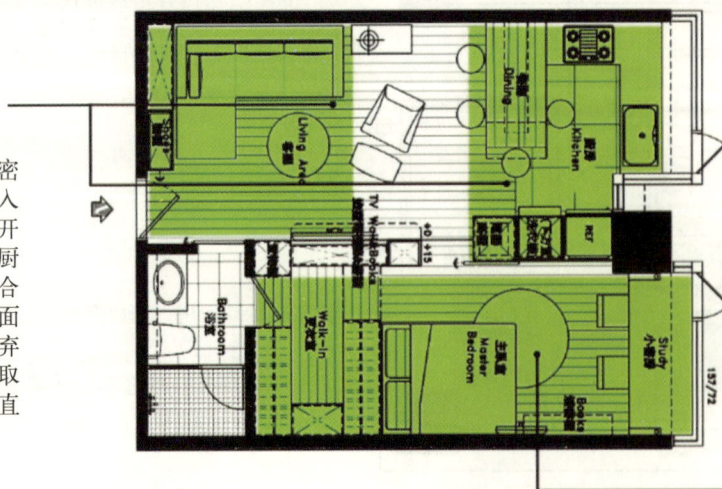

before

问题1
空间不足，无法满足主卧功能要求。

X

问题2
规划不符合生活动线，进而造成使用上的尴尬与空间的浪费。

图3.13

破解2：

客厅、厨房位置互调，打造合理动线

原始厨房位置缺少私密性也缺乏采光，拆除入口处墙面，增加空间开阔感，并通过客厅与厨房位置互换，调整出合理动线；由于只有单面采光，因此厨房舍弃橱柜吊柜，以镂空柜取代，以便使光线可以直达客厅区域。

after

将原来临近卧房的空间，通过拆除隔墙，扩大主卧空间，并且重新规划出更衣室、书桌区。主卧侧墙拆除，改以双面柜取代，减少隔墙争取多余空间，也巧妙增加收纳。

破解1：

拆除隔墙，重新规划主卧室完整功能

图3.14

在高度许可的情况下，小户型空间通常会选择向上发展以复层形式争取更多的生活空间。但若是做得过满，面积过大，虽然能够获得较多的使用面积，但却容易让下层空间充满压迫感。作为设计师，应该合理善用垂直高度，创造复层功能。在用这个方法应该注意以下几个方面：A.高度适当，不过矮；B.合理调整楼梯位置，不占空间宽度；C.有时候需要适当缩小或舍弃部分复层面积，以释放高度换取开阔的空间感受；D.设计师还应善用高度获得收纳空间。

如图3.15所示，小户型空间原始规划存在两个问题：其一，仅有26.4m²，却有4人的需求需要满足，除了一般的收纳功能，先生需要视听墙、红酒柜，小孩需要书桌做功课；其二，室内因左右错层格局，导致地板高低不平，一进门向右走就要下楼梯，对于业主母亲来讲行走较为不便。设计师的破解方法是：首先，升高地板，解决做收纳、整平动线问题。具体做法是：将右侧局部地板上升至与左侧等高，整平一楼书桌与走道高度，地板下方设计上掀收纳柜，让收纳需求立体化，同时右半侧起居卧房形成舒适的降板格局。其次是拆除隔墙，营造开阔感。也即是将玄关与客厅间的隔墙拆除，消除隔墙带来的压迫感，空间因此感觉更为开阔，玄关与客厅之间仅利用高柜简单做出区隔，同时满足收纳需求，如图3.16所示。

before

问题1 ——
仅有26.4m²，却有4人的需求需要满足，除了一般的收纳功能，先生需要视听墙、红酒柜，小孩需要书桌做功课。

问题2 ——
室内因左右错层格局，导致地板高低不平，一进门向右走就要下楼梯，对于业主母亲来讲行走较为不便。

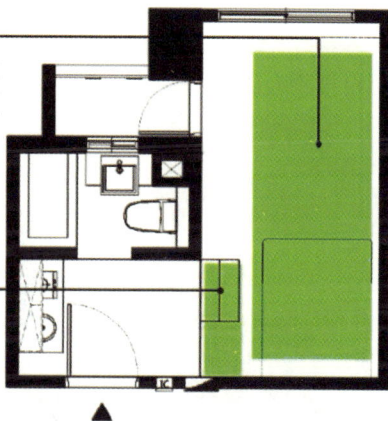

图3.15

after

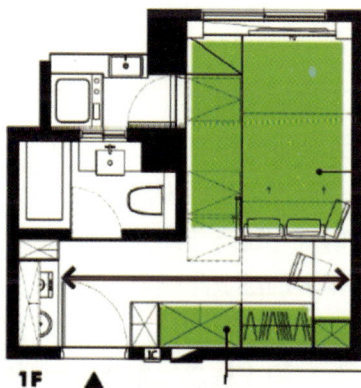

破解1：
升高地板，解放做收纳、整平动线问题

将右侧局部地板上升与左侧等高，整平一楼书桌与走道高度，地板下方设计上掀收纳柜，让收纳需求立体化，同时右半侧起居卧房形成舒适的降板格局。

将玄关与客厅间的隔墙拆除，消除隔墙带来的压迫感，空间因此感觉更为开阔，玄关与客厅之间仅利用高柜简单做出区隔，同时满足收纳需求。

1F ▲

破解2：
拆除隔墙，营造开阔感

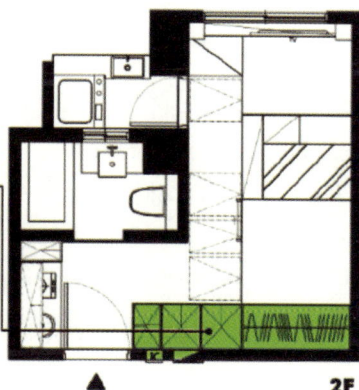

2F 图3.16

2. 三居室家居空间功能性与舒适性的平衡

三居室家居空间作为家居设计中常见的设计项目主体，各组成部分都是一个有机整体，既有联系又具有相对的独立性，设计中既要强调功能性又要满足其舒适性，主要从家居使用者的特性及行为、生理需求及心理需求分析展开。对于不同人群，其功能性与舒适性的设计平衡也有着不同的设计要求。例如当设计对象为60岁以上且具有自理能力的老年人，设计中考虑该人群视觉、听觉、运动能力等退化，其对家居空间使用功能的多样性、家居空间物理环境适应性需求减弱，可接受范围也与其他年龄阶段不同，在设计中既要满足该人群的家居功能性需求，在家居空间的舒适度上也需兼顾其生理、心理因素。显然，前期的设计分析是空间组织设计中功能性与舒适性的一大平衡点。除此之外，根据对不同使用人群的主要三居室使用空间进行整合分析，其家居空间的功能性与舒适性的平衡设计可以从以下几个方面考虑。

（1）物理环境

物理环境设计包括有：光环境、热环境及声环境。针对不同的使用空间，在满足不同的设计人群对空间功能要求的基础上，最大限度地提升使用功能的舒适性和物理环境的舒适性。例如客厅、卧室空间（图3.17），这两大空间功能往往是家居空间中使用率最高的部分，在这部分功能中，需要注意保持良好的通风、采光环境，最好光线柔软，空气温湿度适宜，如建筑条件不允许，可通过室内设备，如空调设备或新风系统来改善室内环境，利用现代科技手段来营造令人舒适的物理环境。

图3.17

（2）装饰材料质地

家居空间中的家具、界面是家居空间重要组成部分，不但触手可及，而且很多会与人体发生直接的接触。装饰材料的选择在满足家居空间环境的使用功能基础上，还需注意材料的质地及肌理，增强家居空间的舒适度。叔本华曾经说过："感官对材料的质感、硬度、内聚性等方面的直接体验对于理解一件建筑作品并从中获得美的享受来说是绝对必要的。"可见材料质地会通过使用者的触觉影响使用者对于家居环境舒适性和安全性的情感体验。一般来说，与生活息息相关的材料能够让人感到亲切与舒适，人们对于光滑的石材、陶瓷类材质、细腻的皮革及织布会产生反复触摸的意愿，而对于凹凸不平、锈蚀的铁皮等则会产生抗拒感。在装饰材料的选择上，通常情况下选择这类柔软、温暖、细腻触感的材料与使用者接触，更符合使用者对于材料舒适触感的要求，这也是在满足空间功能装饰的基础上，遵循人体舒适度的平衡点。

图3.18

（3）遵循人体工学的应用

现代工艺下制造的某些家具尽管装饰豪华、做工考究，但过于注重视觉效果，忽视人体的尺寸和材料的选用，其舒适程度往往远不能让人满意，如图3.18所示。可见，对人体工学的理解与应用，也是我们设计家居空间平衡功能性与舒适性的要求之一。人体基础数据、人体运动域等设计依据，令家居环境中的空间、家具、物品更符合人的操作与使用习惯，从而让设计师确定出空间活动的所需范围，为设计人群舒适感受的实现提供保证。

（4）功能空间的取舍

一般来讲，三居室空间是比较紧凑的，比较宝贵的。毫无疑问应当想尽一切办法提高空间的利用率，最好是能够照顾到所有的功能需求，但实际情况往往不能如愿。比如三居室当中的老人房和独立书房往往不能兼顾、有些户型在采光和通风方面也不能做到十全十美，这个时候就需要回到最初的用户需求上来重新审视，到底哪个功能更为重要，并做出取舍。图3.19所示的是一个随着家庭人口状况不断变化的居室设计，体现了人口结构的变化会影响设计师对功能空间的取舍。

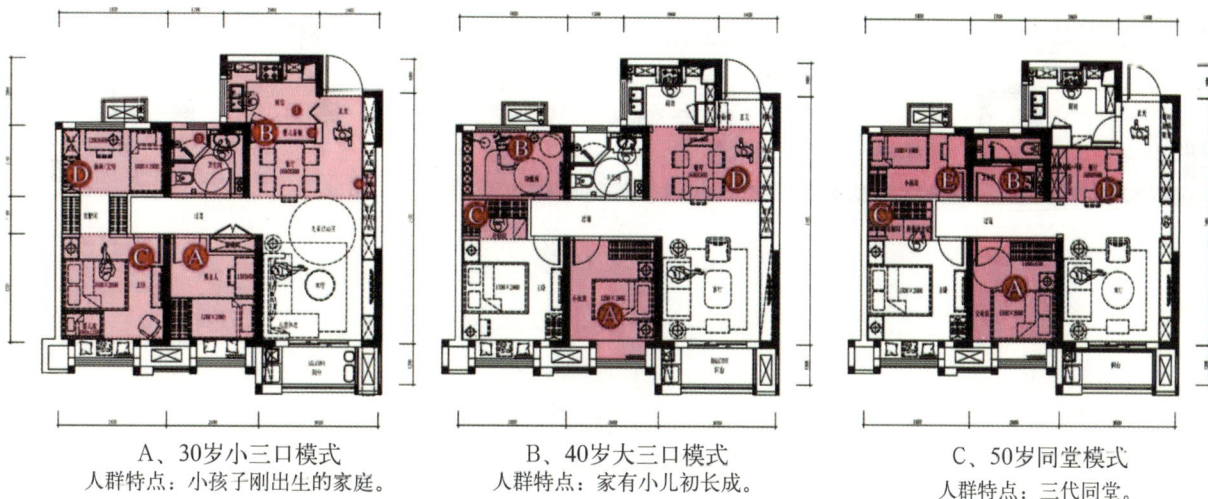

A、30岁小三口模式
人群特点：小孩子刚出生的家庭。

B、40岁大三口模式
人群特点：家有小儿初长成。

C、50岁同堂模式
人群特点：三代同堂。

图3.19

此外，三居室空间往往空间有限，无法实现所有家居空间使用功能，作为设计者需做到因地制宜，以人为本，将三居室空间做到舒适方便、功能齐全，以满足人性化诉求。

　　3. 多居室家居空间"浪费"空间的艺术

　　多居室家居空间往往空间功能完善、面积宽裕、分区明确且内外流通，正因为这一特性，在多居室家居空间中有"浪费"空间的资本，与其说是"浪费"，不如说是用更大的空间追求更优的功能和艺术感。"浪费"的空间需要我们去进行再设计，使得多居室家居空间在提供更全面的功能空间的同时，使家居空间更具舒适性、个性化和空间艺术感。

　　（1）功能配置更完善

　　多居室家居空间中的"浪费"空间为更细致的功能划分提供了可能，使得"浪费"的空间变得"更有用"。如传统的客厅可以结合新的生活方式开发家庭活动厅、艺术展厅、酒吧、娱乐结合的会所式的起居空间；如卫生间应布置更多卫生洁具，主人卫生间可设双洗面盆，淋浴和浴缸分别布置；主卧室可设计成主卧套房，包括卧室、主卫生间、衣帽间；卧室可细分为休息区、淋浴区、收纳区等，如图3.20所示。

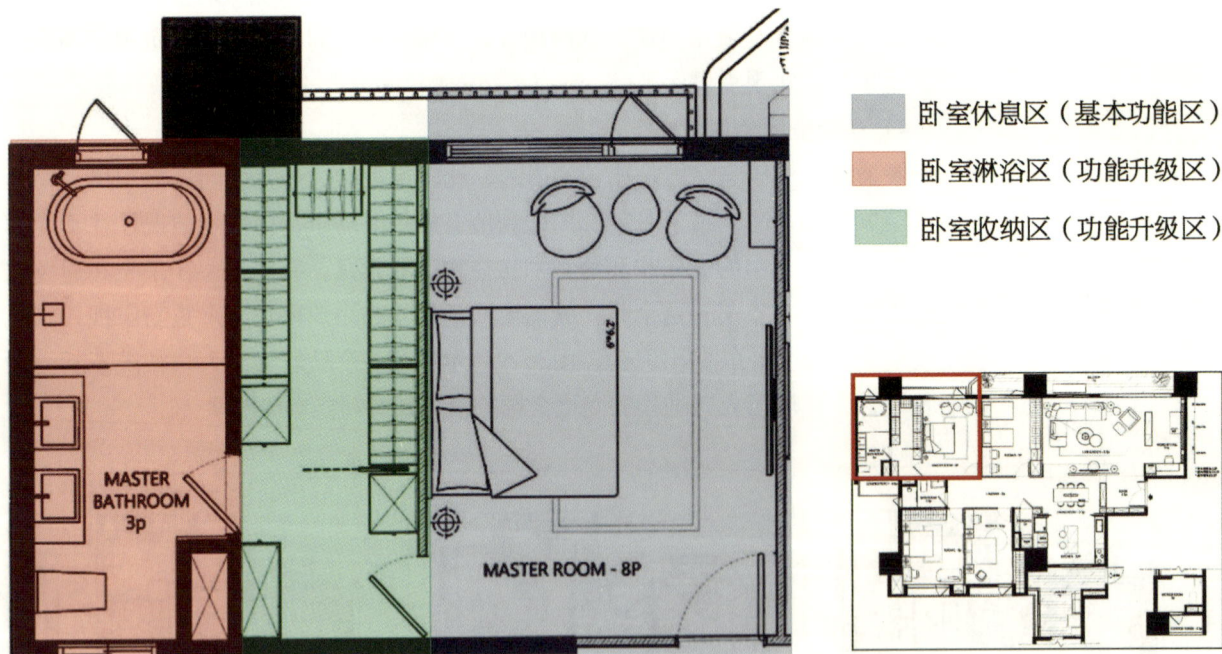

图3.20

　　（2）个性化空间的创新

　　多居室家居空间在满足基本的功能需求之外，还应设计符合主人文化层次和性格爱好的个性化空间。比如目前创新的功能空间包括有：入户花园、视听室、多功能房、私人雪茄吧、祷告厅、洗衣房等，如图3.21所示。

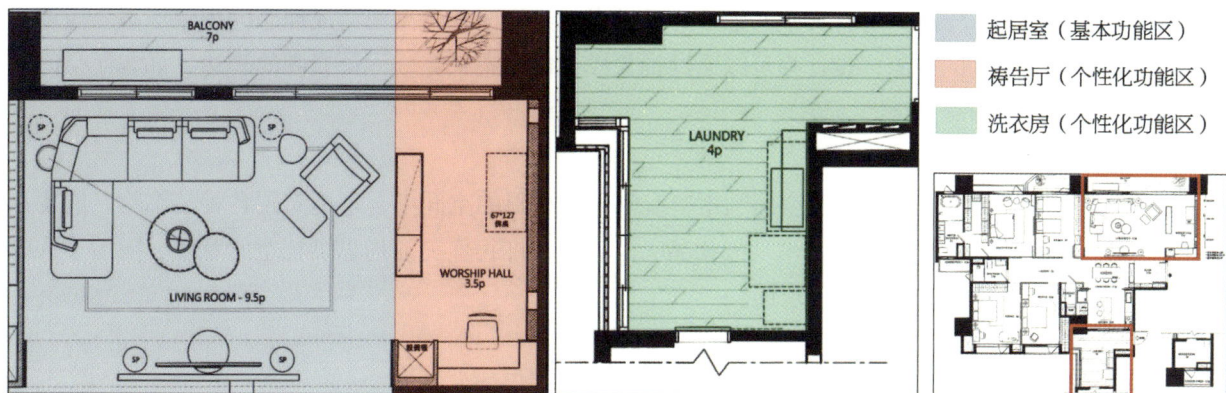

起居室（基本功能区）
祷告厅（个性化功能区）
洗衣房（个性化功能区）

图3.21

（3）视觉艺术维度下的家居空间设计

良好的视觉效果是提升家居空间设计品质的重要手段，对于多居室的家居空间设计来说，将"浪费"空间进行合理艺术化设计是室内设计师需要把握的重点和难点之一。要把"浪费"空间的色彩、灯光、造型、形态、材质、装饰等直观信息的刺激作用加以整合，从而提升家居空间的艺术性，如图3.22所示。

图3.22

① "浪费"空间的色彩

空间的色彩富有情感和活力，是设计元素中相对活跃的，也是视觉上最响亮的语言。"浪费"空间作为多居室家居空间中的过渡空间，往往面积不大，在色彩的选择上可选择红色、黄色、蓝色等跳跃的颜色点缀空间，也可大面积选择主体颜色的类似色来丰富空间色彩度。

② "浪费"空间的灯光

多居室家居空间中的"浪费"空间往往出现于过道、空间边角等结构，在此类空间中可通过光的运用烘托突出主题和焦点，增强空间的层次感，也可使用有特别色彩、形式的灯光创造出丰富多彩、各具特色的家居氛围。

③ "浪费"空间的造型

多居室空间往往功能齐全、面积充裕，此类大空间容易形成庄严、博大的气氛，不如小空间亲切、宁静。可将大空间细分，通过点、线、面及造型塑造成理想的视觉形态，通过造型语言实现与主人之间的交流，设计师可以通过抽象或具象形态来完成设计意图的表达。如客厅空间中的博古架设计、走道的端景台设计等。

④ "浪费"空间的装饰

家居空间中的"浪费"空间往往空间利用率有限，在有限的空间中合理地布置各种装饰物，能发挥它们作为装饰的功能，体现空间的艺术价值和品味。通过装饰物优美的构思烘托空间意境，陶冶了人的性情，将"浪费"的空间赋予艺术展示性。

3.3 本章实训任务

实训任务：家居空间的平面布置与优化

项目名称	家居空间的平面布置与优化	参考学时	8学时
实训地点	工作室或图书馆，视情况而定。		
任务目的	1. 掌握家居空间的空间特征和整体布局手法； 2. 能够理清功能空间的基本关系； 3. 掌握不同类型家居空间的布局要点； 4. 应具备分析问题的能力； 5. 手绘设计草图的能力(空间朝向、采光、动线、分区等)。		
任务要求	1. 能够准确分析和正确认识任务中原始建筑户型的优缺点； 2. 能根据洽谈情况和客户要求进行功能区域的布置； 3. 能够合理组织空间动线，提升空间使用的效率和舒适程度； 4. 客户评审后，能够结合客户的意见进行户型的优化设计； 5. 每小组独立撰写实训报告书及行动计划书； 6. 能通过草图勾画的形式对客户提出的设计要求予以表现。		
行动过程	1. 收集和任务户型相似的设计案例进行分析和临摹，学习优秀案例中空间布局的设计手法； 2. 小组各自提出自己的平面设计方案； 3. 组员之间进行讨论，综合各方优势，确定初步设计方案； 4. 接受导师意见，对方案进行完善； 5. 提交给客户评审，之后进行优化设计； 6. 撰写实训报告。		
考核标准	对最终形成的平面布置图给予评分。		
材料准备	纸张、笔、客户资料档案表等。		

第4章　家居空间各功能区域的设计

课程目标: 熟悉和掌握家居空间中各功能区域的设计要点;能够协调处理空间功能和空间艺术性之间的关系。

重点难点: 各功能区域的设计要点与设计手法。

4.1　门厅设计

门厅也称玄关、过厅等,是家居空间的入口处。门厅的空间特点是面积狭小,它是与主空间相连的交通暂留地。它的使用频率较高,是进出居室的必经之处,如图4.1所示。门厅不仅具有一定的使用功能,也有装饰作用,它是家与外界的一个通道,给人一种心理缓冲,增加内厅私密性。在设计上它可以概括室内的风格,彰显主人的个性,给客人以家居的第一印象,如图4.2所示。

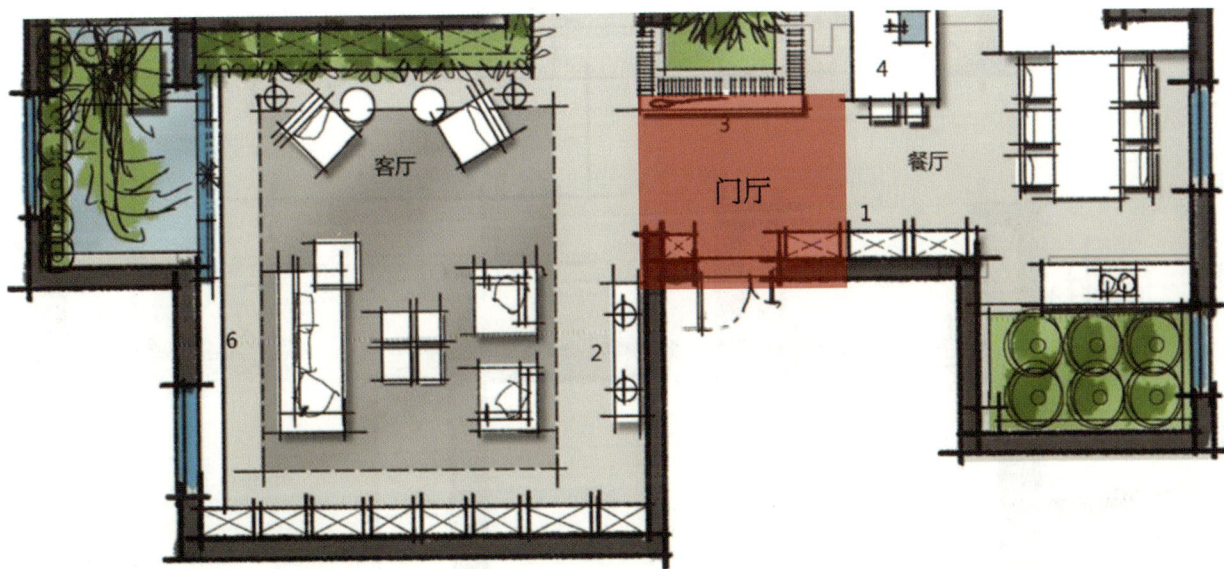

图4.1

图4.2

4.1.1 门厅的功能

门厅设计首先要考虑的是它的储存功能，其次是安全性和展示性。

储存功能：指必须留有足够的空间来存放鞋子、雨伞、手套甚至大衣等物品，以及考虑脱鞋和换鞋的地方。门厅的储藏功能可以通过依附墙体设计一些比较掩蔽的储藏柜实现，也可以通过隔断的柜体来实现，如图4.3、图4.4所示。

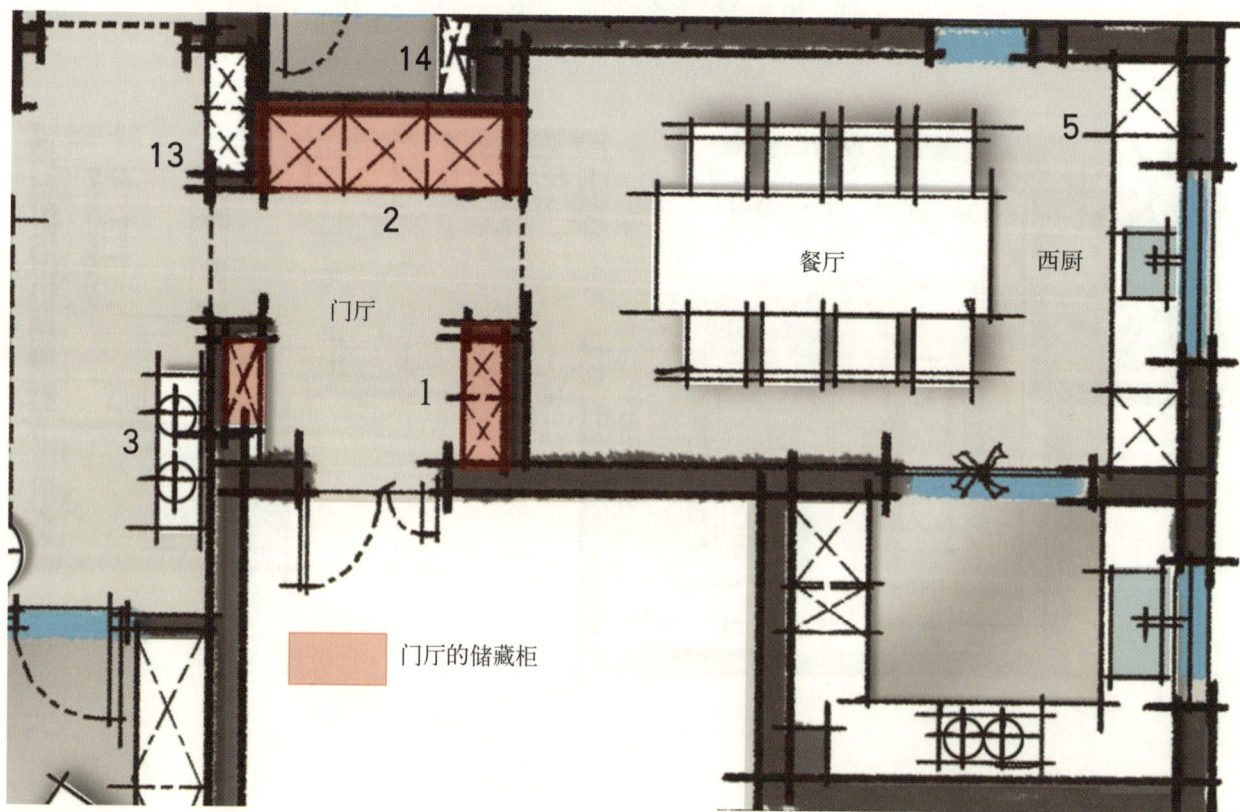

图4.3

图4.4

安全性：指门厅有一定的防卫作用。在大门开着的时候，门厅可以遮挡进入客厅的视线，避免起居空间完全暴露，给人一种安全、含蓄的感觉，从而确保客厅的私密性，如图4.5、图4.6所示。

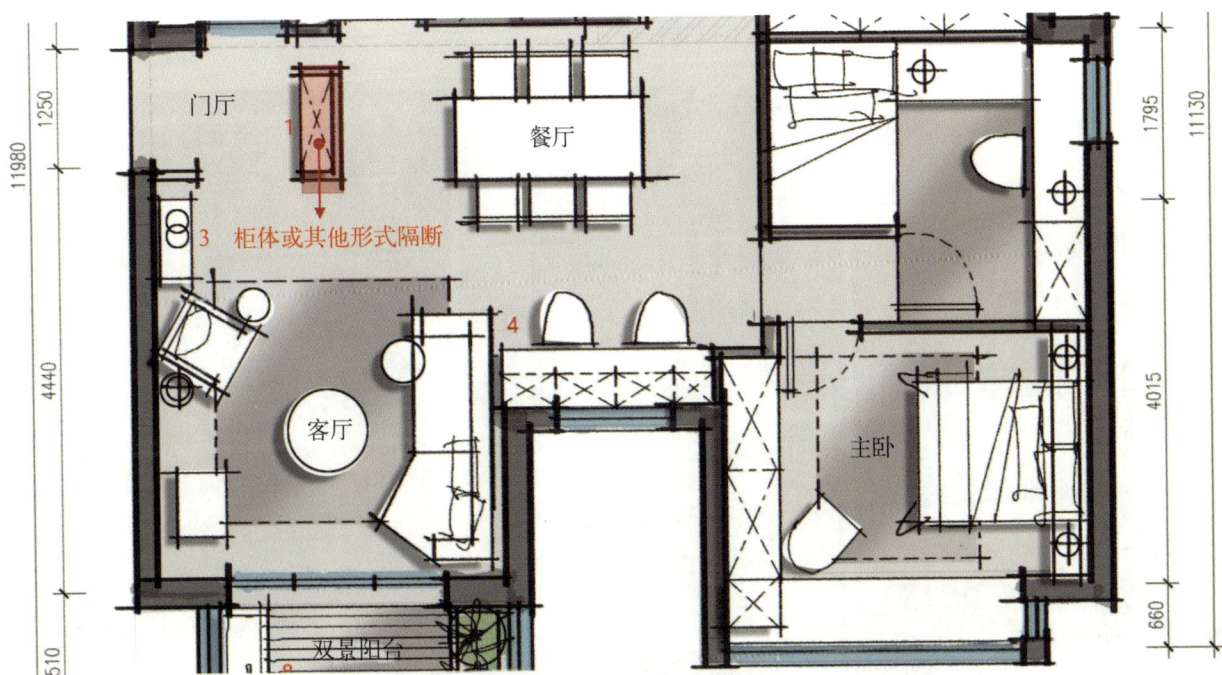

图4.5

图4.6

展示功能：是利用具有装饰效果的艺术品、鲜花等来缓解空间的单调，使空间更富有情趣。如图4.7所示的三个门厅均具有较好的展示性，它们从下往上依次是立柜、饰品、挂画，其中柜体本身就展示出较好的视觉形象，饰品和挂画更是展现了主人的审美情趣。

除以上功能之外，还可以进行相关设计以满足使用者换鞋、整理妆容等需求。如图4.8所示的坐凳和全身镜都具有非常实用的功能。

门厅空间的功能并不复杂，但由于家居空间的结构千变万化，如何因地制宜地利用空间进行设计，就需要设计师平时的积累以及对空间设计的领悟。

图4.7

图4.8

4.1.2 门厅的设计要素

1. 门厅的隔断与收纳

为了保持门厅与客厅在功能上既有区别又有联系，通常采用隔断的处理方式。为避免客人一进门就对整个室内一览无遗，在门厅处可做隔断，从而在视觉上起遮挡作用。对于面积较大的门厅，隔断可以是全封闭的造型墙；对面积较小的空间，这种遮挡并不是完全遮挡的，而要有一定的通透性，如图4.9所示。门厅首要的储物设备

图4.9

是鞋柜,设计鞋柜时应考虑足够放置家人常用的鞋的数量。如果空间允许,不单是放鞋,衣物、雨伞、钥匙箱、擦鞋用品等都要有安放的位置,将主人出入所需的众多零散和杂乱的物品进行妥善归置,让门厅美观且方便主人,如图4.10所示。

图4.10

2. 门厅的材质设计

门厅地面的材质一般选用坚韧、防滑的石材或地砖,如图4.11所示。门厅和客厅往往连在一起,因此在材质的选用上要同客厅保持协调,在颜色、花纹上要有一定的衔接,两个空间的地面材料从颜色和质地上要有一个平缓的过渡,不能太突然。

3. 门厅的墙面设计

墙面是门厅装饰中最具可塑性的装饰部位,墙面可与鞋柜等组合构成一个展示空间,可以通过造型、材质变化等方式做局部的设计;也可以选出一块主墙面重点加以刻画;可根据色调刷彩色墙漆;可以将墙面做出不同纹路的墙漆效果;可以通过线条的凹凸变化、墙面布置壁布或采用浮雕等景物的布置达到浓厚的艺术效果。

图4.11

墙面重在点缀，切忌堆砌重复，且色彩不宜过多。墙面的装饰设计应该做到恰到好处，繁简适中，如图4.12所示。

图4.12

4. 门厅的吊顶设计

门厅的吊顶设计首先要满足照明功能，渲染居室的气氛；其次是丰富、延伸和扩大空间感。在吊顶的造型上，可以根据门厅面积的大小，采用平顶或局部吊顶方式，造型应该简洁大方，与地面和展示台的造型相呼应，如图4.13所示。

5. 门厅的照明设计

门厅的整体照明可以选择筒灯和装饰吊灯，如果要突出门厅中装饰的艺术品，则需要在适当的地方设置射灯。门厅的照明应该柔和、明亮，可以根据顶面造型暗装灯带，镶嵌射灯或者简练的吊杆灯，也可以在墙壁上安装一或两盏造型独特的壁灯，保证门厅内有适宜的亮度，使门厅的环境高雅精致。当然，灯光效果应有重点，不能面面俱到，如图4.14所示。

图4.13

图4.14

4.2 客厅设计

4.2.1 客厅的性质

客厅是家庭群体生活的主要活动空间。在居室面积较小的情况下，它是全部的群体生活区域，所以设计时要把自然条件、现有空间因素以及环境设备等人为因素加以综合考虑，以保障家庭成员各种活动的需要，如图4.15所示。人为因素有合理的照明方式、良好的隔声处理、适宜的温湿度、充分的储藏位置和舒适的家具等方面。更重要的是必须使活动设备占据正确有利的空间位置，并与其建立自然顺畅的连接关系。在视觉上，客厅的形式必须以展现家庭的特定风格为原则，采用独具个性的风格和表现方法，使之充分发挥"家庭窗口"的作用。原则上，客厅宜设在家居空间的中央地区，并应接近主入口，但两者之间应适当隔断，应避免直接通过主入口而向户外暴露客厅，这样会使人心理上产生不良反应。此外，客厅应保证良好的日照，并尽可能选择室外景观较好的位置，这样不仅可以充分享受大自然的美景，更可享受到视觉与空间效果上的舒适与伸展，如图4.16所示。

图4.15

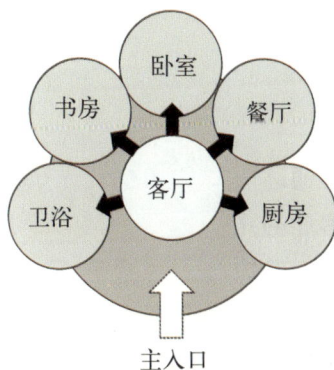

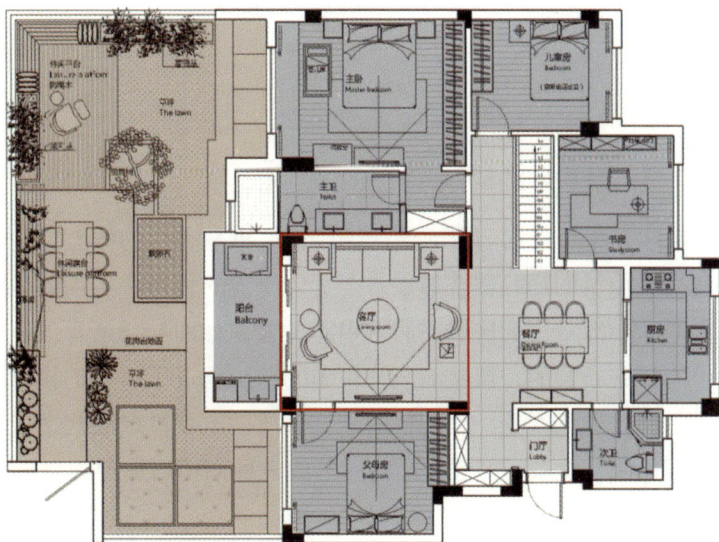

图4.16

为了配合家庭各个成员活动的需要，在空间条件允许的情况下，可采取多用途的布置方式，分设会谈、音乐、阅读、娱乐、视听等多个功能区域。在分区原则上，性质类似、进行时间不同的活动可尽量将其归为同一区域，从而增加单项活动的空间，减少功能重复的家具。反之，对于性质相互冲突的活动，则宜设不同的区域或安排在不同的时间进行。

4.2.2 客厅的功能设计与组合形式

客厅中的活动是多种多样的，客厅功能是综合性的。图4.17所示的是客厅中的主要活动及常常兼具的活动内容，可以看出客厅几乎涵盖了家庭活动中八成以上的内容，同时它的存在使家庭和外部也有了一个良好的过渡。下面我们分门别类地详细介绍客厅中所包含的各种活动的性质及其相互关系。

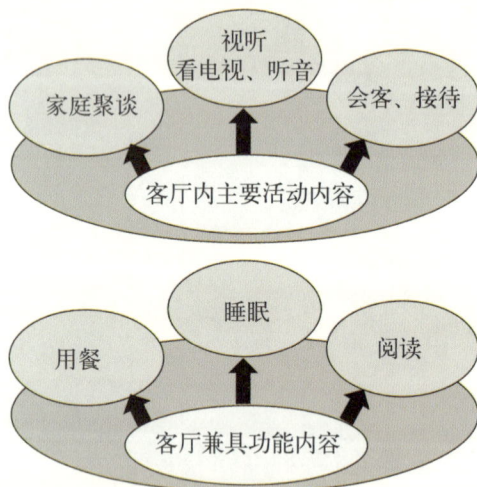

图4.17

1. 家庭聚谈休闲客厅

客厅首先是家庭团聚交流的场所，这也是客厅的核心、主体功能，往往通过一组沙发或座椅的巧妙围合形成一个适宜交流的场所。场所的位置一般位于客厅的几何中心处，以象征此区域在居室中心位置，如图4.18所示。在西方，客厅是以壁炉为中心展开布置的，温暖而装饰精美的壁炉构成了客厅的视觉中心，而现代壁炉由于失去了功能已变为一种纯粹的装饰，故被电视机取而代之了。家庭成员围绕电视机展开休闲、饮茶、聊天等活动，形成一种亲切而热烈的氛围。

家庭聚谈型客厅

图4.18

会客型客厅

图4.19

2. 会客型客厅

客厅是一个家庭对外交流的场所，是一个家庭对外的窗口。在布局上要符合会客的距离和主客位置上的要求，在形式上要营造适宜的气氛，同时要表现出家庭的性质及主人的品位，微妙地达到对外展示的效果。在我国传统居室中，会客区域是方向感较强的矩形空间，视觉中心是中堂画和八仙桌，主客分列八仙桌两侧。而现代会客空间的格局则要轻松得多，它位置随意，可以和家庭聚谈空间合二为一，也可以单独形成亲切会客的小场所。可以围绕会客空间设置一些艺术灯具、花卉、艺术品以调节气氛。随着位置、家具布置以及艺术陈设的不同，会客空间可以形成千变万化的空间氛围，如图4.19所示。

3. 视听型客厅

听音乐和观看表演是人们生活中不可缺少的活动。西方传统的家居空间客厅中往往给钢琴留出位置，而我国传统住宅的堂屋常常有听曲看戏的功能。随着科学技术的发展，人们生活也在不断变化着，现代视听装置的出现对其位置、布局以及与家居的关系提出了更加精密的要求。电视机的位置与沙发座椅的摆放要吻合，以便坐着的人都能看到电视画面。另外电视机的位置和窗户的位置有关，要避免逆光以及外部景观在屏幕上形成的反光，对观看质量产生影响，如图4.20所示。

音响设备的质量以及最终形成的室内听觉感受也是衡量室内设计成功与否的重要标准，音箱的摆放是决定最终听觉质量的关键。音响的布置要使传出的声音形成声学上的动态和立体效果。

视听型客厅

图4.20

4.展示收纳性客厅

客厅还应具备一些储藏与收纳的功能。由于客厅使用很频繁，容易出现杂乱的现象，从审美的角度讲，杂乱的空间容易使人产生烦躁与厌恶感，如到访客人的衣物、音响设备、茶具等物件的收纳都易产生杂乱现象。在设计客厅时，可以选择带有储藏功能的家具，如底部带有储藏功能的茶几或沙发，也可以利用电视背景墙上的视听柜，或在客厅的转角等空间结合储藏家具来设计。另一方面，还可以在客厅里增加一些陈列展示柜，展示居室主人的收藏品，反映主人的文化品位，如图4.21所示。

展示收纳型客厅

图4.21

5. 便于阅读型客厅

在现代的家庭休闲活动中，阅读占有相当大的比重，以一种轻松的心态去浏览报纸、杂志或查阅资料对许多人来讲是一件愉快的事情。这些活动没有明确的目的性，时间很随意很自在，因而也不必在书房进行。这部分区域在客厅中存在，但其位置并不固定，往往随时间和场合而变动。如白天人们喜欢靠近有阳光的地方阅读，晚上希望在台灯或落地灯旁阅读，而伴随着聚会所进行的阅读活动形式更不拘一格。阅读区域虽然说有其变化的一面，但其对照明、座椅以及藏书的设施要求也是有一定规律的，必须准确地把握分寸，以免把客厅设计成书房，如图4.22所示。

便于阅读的客厅

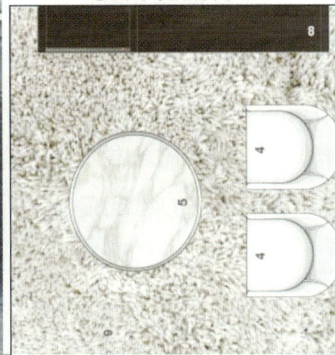

图4.22

4.2.3 客厅的布局要点

1. 客厅应主次分明

我们通过以上对客厅的室内功能的详细分析和陈述，可以看出客厅是一个家庭的核心，可以容纳多种性质的活动，可以形成若干个区域空间。但是有一点需要注意的是众多的活动区域中必然是以一个区域为主的，以此形成客厅的空间核心，在客厅中通常是以聚谈、会客空间为主体，辅助以其他区域而形成主次分明的空间布局。而聚谈、会客空间的形成往往是以一组沙发座椅、茶几、电视柜围合形成，又可以以装饰地毯、吊顶造型以及灯具来强化中心感，如图4.23。

图4.23

2. 客厅交通要避免斜穿

客厅在交通上是住宅交通体系的枢纽，设计不当就会造成过多的斜穿流线，使客厅的空间完整性和安定性受到极大的破坏，因而在进行室内设计时，尤其在布局阶段一定要注意对室内动线的研究，避免室内交通流线太长，如图4.24所示。措施之一是对原有的建筑布局进行适当的调整，如调整户门的位置；之二是利用家具布置来巧妙围合、分割空间，以保持区域空间的完整性。

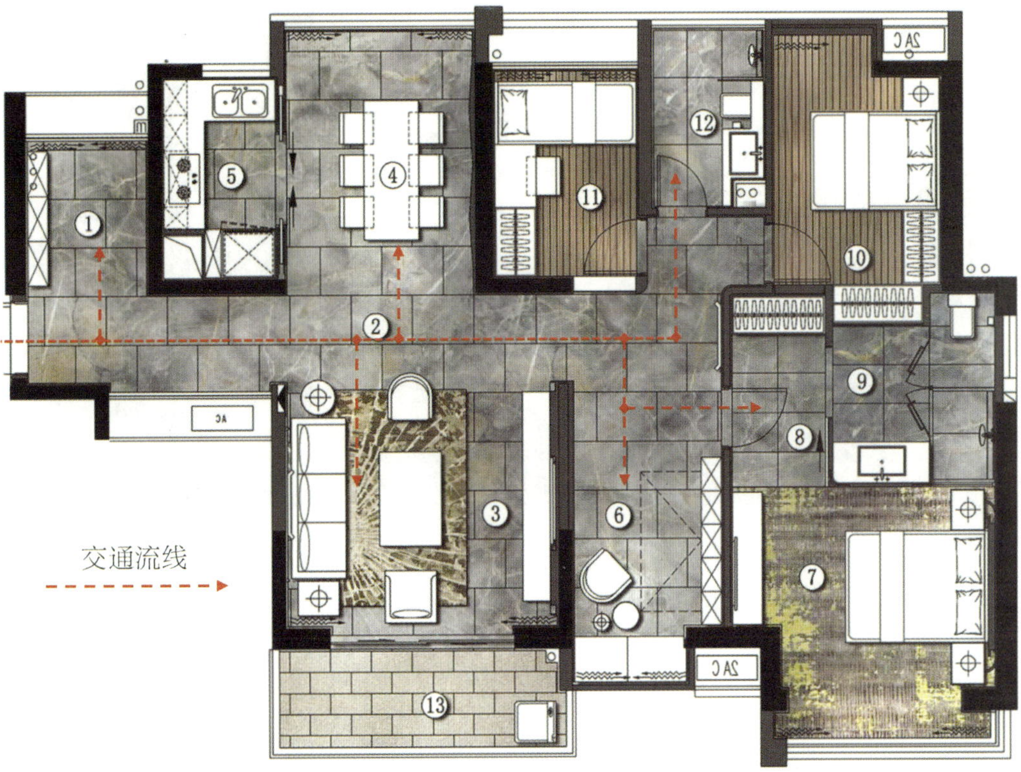

图4.24

交通流线

3. 客厅空间的相对隐蔽性

在实际中常常遇到的另一个棘手的问题是客厅常常直接与入户门相连，甚至入户门开启时，楼梯间的行人对客厅的情况一目了然，严重地破坏了家居空间的"私密性"和客厅的"安全感"以及"稳定感"。图4.25中所示的客厅设计就是这种情况，户门开启时客厅私密性受到破坏。因此在室内布置时，宜采取一定措施对空间和视线进行分隔。在户门和客厅之间应设屏门、隔断或利用隔墙或固定家具形成的交点，如图4.26所示。

图4.25

图4.26

4.2.4 客厅的装饰手段

1. 空间界面的装饰

首先是吊顶装饰，客厅的吊顶由于受建筑层高的限制，不宜设置复杂的吊顶及灯槽，通常以简洁的形式为主，如图4.27所示。

图4.27

接着是地面装饰，客厅地面材质选择余地较大，可以用地毯、地砖（图4.28）、天然石材、木地板、水磨石等多种材料，使用时应对材料的肌理、色彩进行合理选择，应慎用公共空间中那样利用拼花的千变万化强化视觉的做法。地面的造型也可以用不同材质的对比来取得变化效果。

图4.28

　　再就是墙面装饰，客厅的墙面是客厅装饰中的重点部位，因为它面积大，位置重要，是视线集中的地方，对整个室内的风格、式样及色调起着决定性作用，它的风格也就是整个室内的风格，如图4.29所示。

图4.29

　　对客厅墙面的装饰来说，最重要的是从使用者的兴趣、爱好出发，发挥主人的聪明才智，体现不同家庭的风格特点与个性，这样才能装饰出有个性、多姿多彩的客厅空间。还应从整体出发，综合考虑室内空间、门、窗位置以及光线的配置，色彩的搭配和处理等诸多因素，如图4.30所示。

图4.30

首先应从整体出发，综合考虑室内空间、门窗位置以及光线的配置、色彩的搭配和处理等诸多因素。客厅墙面及整个室内装饰和家具布置的背景起衬托作用，因此装饰不能过多过滥，应以简洁为好，色调最好用明亮的颜色，使空间明亮开阔。同时，应该对一个主要墙面进行重点装饰，以集中视线，表现家庭的个性及主人的爱好。西方传统客厅是以壁炉位置的主要墙面为重点装饰的部位，同时壁炉上摆放小雕塑、瓷器、肖像等工艺品，壁炉上方悬挂绘画或浮雕、兽头、刀剑、盾牌等进行装饰，有的还在墙面上做出造型。而我国传统民居中以正屋一进门的南立面为装饰中心，悬挂中堂、字画、对联、匾额，有些还做出各种落地罩、隔扇或设立屏风等进行装饰以强调庄重的气氛。

客厅装饰的另一个重点在于陈设设计。我们先来了解客厅陈设艺术品的种类。可用于客厅中的装饰陈设艺术品品种很多，而且没有定式。室内设备、用具、器物等只要适合空间需要及主人情趣爱好，均可作为客厅的装饰陈设，如图4.31所示。装饰织物类是室内陈设用品的一大类别，包括地毯、窗帘、陈设覆盖织物、靠垫、壁挂、吊顶织物、布玩具、织物屏风等。可应用于客厅中的艺术陈设品还包括灯具造型、家具造型、动物标本、壁画、字画、油画、钟表、陶瓷、现代工艺品、面具、青铜器、古玩、书籍以及一切可以用来装饰的材料，如石头、细纱、铁艺、彩绘等，如图4.32所示。

图4.31

图4.32

　　好的客厅设计对于艺术品的摆放位置也是非常讲究的。我们通常把陈设艺术品分为实用性陈设和美化性陈设两种。

　　实用性陈设的布设应从使用功能出发，根据室内人体工程学的原则，确定其基本的位置，如灯具的位置高低不能影响其照明功效，烟缸的位置要令使用者很方便地使用，家具的摆放既应符合客厅中的家具布置一般原则，又要使其位于显眼处，以发挥其展示功能，如图4.33所示。

图4.33

　　美化型陈设属于纯粹视觉上的需求，没有实用的功能，它们的作用在于充实空间，丰富视觉。如墙面上的字画、油画，作用在于丰富墙面，瓷器主要用于充实空间，玩具用来增添室内情趣。这类陈设的位置要从视觉需要出发，结合空间形态来设置，如图4.34所示。

图4.34

4.3 餐厅设计

4.3.1 餐厅的功能及空间位置

餐厅是家人日常进餐并兼作欢宴亲友的活动空间。这个区域可以与客厅或厨房组合在一起，也可以是独立的房间。从合理需要看，每一个家庭都应设置一个独立餐厅，家居空间条件不具备设立餐厅的也应在客厅或厨房设置一个开放式或半独立的用餐区位。倘若餐厅处于一个闭合空间，其表现形式可自由发挥；倘若是开放型布局，应和与其同处一空间的其他区域保持格调的统一。无论采取何种用餐方式，餐厅的位置居于厨房与起居室之间最为有利，这在使用上可节约食品供应时间和就座进餐的交通路线，在布设上则完全取决于各个家庭不同的生活与用餐习惯，如图4.35所示。

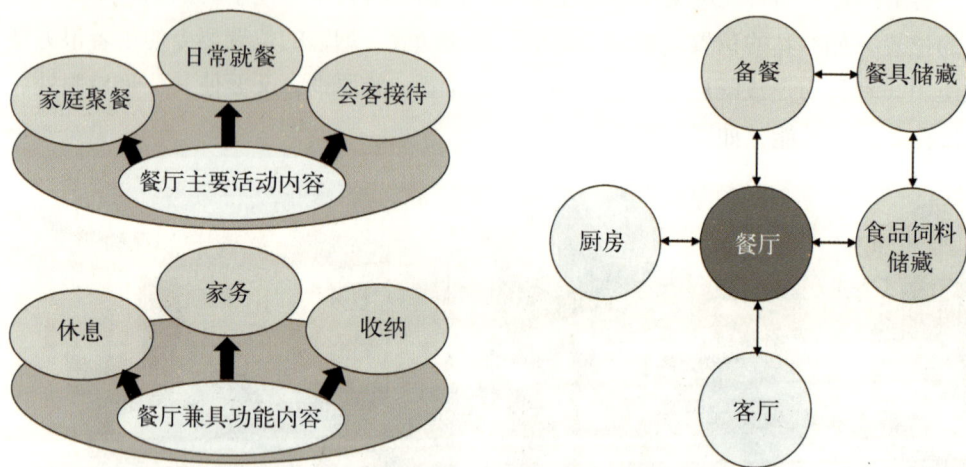

图4.35

由于餐厅与客厅的空间属性较为相近，通常会综合两者的特点进行设计，客餐厅也经常被设计为相邻的两个空间，下面是餐厅与客厅的三种位置关系，如图4.36所示。

（1）"分离式的布置"：又称为独立式布置。餐厅与客厅被分割成两个独立的空间，空间不可互相利用，这种方式占用面积较多，但私密性较强。餐厅的表现形式可自由发挥，不同活动空间行为互不干扰。

（2）"半分离式的布置"：又称为半开放式布置。餐厅与客厅之间以入口为通路连接，空间之间相互渗透，有延伸的感觉。可以通过地面或顶棚的处理来限定就餐的空间。

（3）"综合式的布置"：又称为开放式布置。餐厅与起居室布置在同一个空间中，面积相互利用，既节约面积又增大视觉效果。餐厅的装饰风格要与客厅的风格相统一。

①分离式布置（独立式）

②半分离式布置（半开放式）

③综合式布置（开放式）

图4.36

4.3.2　餐厅的家具布置

我国自古就有"民以食为天"的说法，用餐是一项较为正规的活动，因而无论在用餐环境还是在用餐方式上都有一定的讲究；而在现代观念中，则更强调幽雅的环境以及气氛的营造。在家具配置上，应根据家庭日常进餐人数来确定数量，同时应考虑宴请亲友的需要。在面积不足的情况下，可采用折叠式的餐桌椅进行布置，以增强在使用上的机动性。为节约占地面积，餐桌椅本身应采用小尺度设计。根据餐室或用餐区位的空间大小与形状以及家庭的用餐习惯，选择适合的家具。西方国家多采用长方形或椭圆形的餐桌，而我国多选择正方形与圆形的餐桌。此外，餐厅中的餐柜造型与酒具的陈设要相匹配，优雅整洁的摆设也是产生赏心悦目效果的重要因素，更可在一定程度上规范以往不良进餐习惯。

4.3.3　餐厅的造型及色彩要求

1. 空间界面设计

餐厅的功能性较为单一，因而室内设计必须从空间界面的设计、材质的选择以及色彩灯光的设计和家具的配置等方面全方位配合来营造一种适宜进餐的氛围。

（1）吊顶

餐厅的吊顶设计往往比较丰富而且讲求对称，其几何中心对应的位置是餐桌，无论在中国还是西方、无论圆桌还是方桌，就餐者均围绕餐桌而坐，从而形成了一个无形的中心环境，如图4.37、图4.38所示。由于就餐活动所需层高并不高，可以借助吊顶的变化丰富餐厅环境，同时也可以用暗槽灯的形式来营造气氛。吊顶是餐厅照明光源主要所在，其照明形式可以进行多样化的设计。灯具的布置除了满足餐厅的照明要求以外，还应考虑家具的布置以及墙面饰物的位置，以使各类灯具与整体有所呼应。

图4.37

图4.38

　　（2）地面

　　较之其他的空间，餐厅的地面可以有更加丰富的变化，可选用的材料有石材、地砖、木地板、水磨石等，如图4.39。而且地面的图案样式也可以有更多的选择，均衡的、对称的、不规则的等，应当根据设计的总体风格来把握材料的选择和图案的形式。餐厅的地面材料选择和做法的实施还应当考虑便于清洁这一因素，以适应餐厅的特定要求。要使地面材料有一定防水和防油污的特性，还要考虑让灰尘不易附着于构造缝之间，否则难以清除。

　　（3）墙面

　　在现代社会中就餐已成为日益重要的活动，餐厅空间使用的时间段也愈来愈长，餐厅不仅是全家人日常共同进餐的地方，而且也是邀请亲朋好友，交谈与休闲的地方。因此对餐厅墙面进行装饰时应从建筑内部把握空间，根据空间使用性质、所处位置及个人爱好，运用科学技术与文化手段、艺术手法，创造出功能合理、舒

图4.39

适美观、符合人的生理、心理要求的空间环境。

餐厅墙面的装饰除了要依据与餐厅和居室整体环境相协调、对立统一的原则以外，还要考虑到它的实用功能和美化效果的特殊要求。一般来讲，餐厅较之卧室、书房更要注意营造出一种温馨的气氛，以满足家庭成员的聚合心理，如图4.40。

图4.40

餐厅面积很小，可以在墙面上安装镜面以此在视觉上形成空间增大的感觉；墙面的装饰要突出个性，需在选择材料上下一定功夫，不同材料质地、肌理的变化会给人带来不同的感受。如显露天然纹理的原木会透露出自然淳朴的气息，金属和皮革的巧妙配合会表现强烈的时代感，白色的石材或涂料配以金饰会表现出华丽的风采，如图4.41。

图4.41

2. 色彩要求

色彩对人们就餐时的心理影响较大。据科学分析，不同的色彩会引发人们就餐时不同的情绪。总的来说，餐厅色彩应以明朗轻松的色调为主，如图4.42，而橙色及相同色相的颜色，据分析统计是餐厅最适合也是使用较普遍的色彩。因为这类色彩有刺激食欲的作用，它们不仅能给人温馨的感觉，而且能提高进餐者的兴致，促进人们之间的情感交流，活跃就餐气氛。

图4.42

当然人们对色彩的认识和感知并非长久不变的，不同的季节、不同的心理状态，人们对同一种色彩都会产生不同的反应，这时设计师可以用其他手段来巧妙地调节，如灯光的变化，餐巾、餐具的变化，装饰花卉的变化等，如图4.43。处理得当的话，效果会是很明显的。

图4.43

4.4 厨房设计

4.4.1 厨房的空间性质与功能分析

在人们的传统观念中，厨房常常和昏暗、杂乱、拥挤联系在一起，厨房在家居空间中的位置也往往较为隐蔽。现在人们已逐步认识到厨房的质量已经密切关系到整个家居空间的质量。现代家居空间中厨房正在由封闭式走向开敞式，并越来越多地渗透到家居的公共空间中，先进的厨房设备也在改变着厨房的形象以及厨房的工作方式。同时世界范围内各种生活方式的不断融合，给厨房的布局和内容也带来了更大的选择空间，也对设计者的知识结构以及造型、功能组织能力提出更高的要求。

如图4.44所示，从厨房作业基本流程图中，我们可以看出厨房作业是包括从食品储藏、准备、洗涤、调理、烹饪到配餐，直至送到餐桌的全套流程。

右图归纳了厨房的功能，大体可分为服务功能、装饰功能以及兼容功能三大方面。其中服务功能是厨房的主要功能，是指作为厨房主要活动内容的备餐、洗涤、储藏等；厨房的装饰功能，是指厨房设计效果对整个室内设计风格的补充、完善作用；厨房兼容功能主要包括可与工作阳台衔接而产生的洗衣、晾晒、交际等作用。由此可以看出，进行厨房内部功能研究是十分必要的，同时也是较困难的。

如图4.45所示，左图是瑞典家务管理研究所对厨房活动的一项研究成果，这项成果目前已成为世界许多国家研究厨房合理布局的原始资料。图中，两点间有连线则表明两项活动间有联系，如无连线，则表明两项活动间基本不相关。而两点间连线的粗细，则表明相关程度的大小。线越粗，表示在两点间的往返次数越多，对这两点的使用次数也越多。

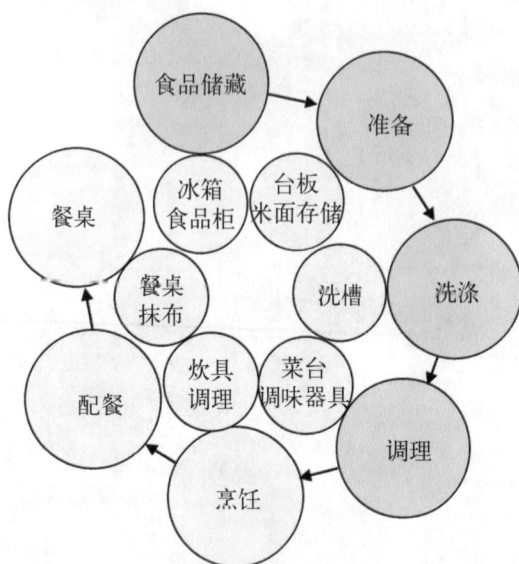

厨房作业基本流程

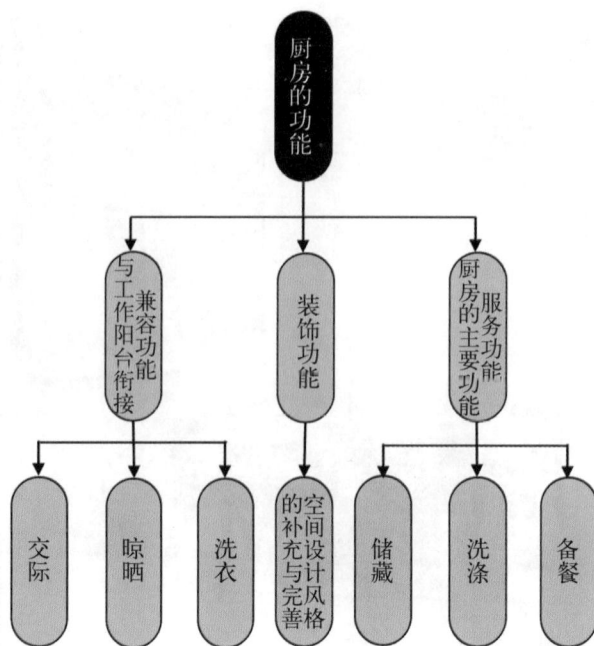

图4.44

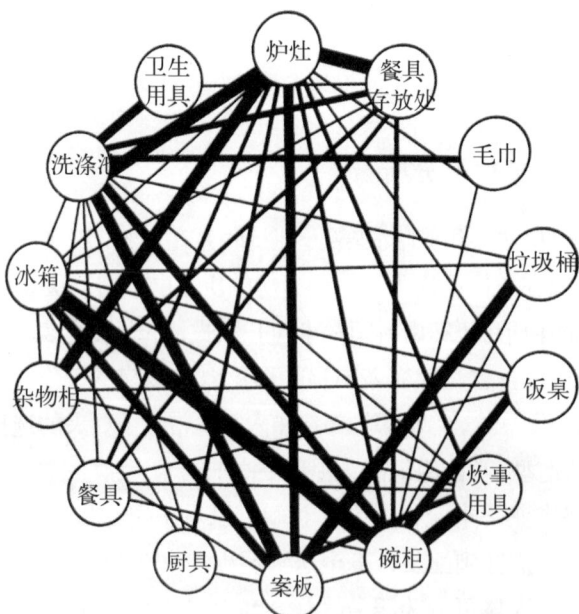

厨房内操作活动联系图

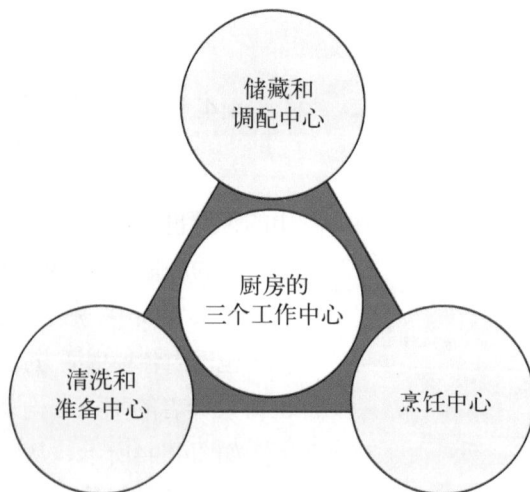

图4.45

　　从右图的分析还可以看出，由于厨房中各项活动间的相关程度不同，故将它们适当分类、相对集中、分片设置是可能的。通常可根据各项活动的类型及相互间是强相关、弱相关，还是不相关，而在厨房中建立三个工作中心，即储藏和调配中心、清洗和准备中心及烹调中心。

4.4.2　厨房的平面布局形式

为了研究厨房设备布置对厨房使用情况的影响，通常是利用工作三角法来讨论。所谓的工作三角，是指由前述三个工作中心之间连线所构成的三角形，如图4.46所示。从理论上说，该三角形的总边长越小，则人们在厨房中工作时的劳动强度和时间耗费就越小。一般认为，当工作三角的边长之和大于6.7m时，厨房就不太方便了，较适宜的尺寸，是将边长之和控制在3.5～6m之间。对于一般家庭来讲，为了简化计算方法，也可利用电冰箱、水槽、炉灶构成工作三角，来分析和研究厨房内的设备布置和区域划分等问题，从而求得合理的厨房平面。

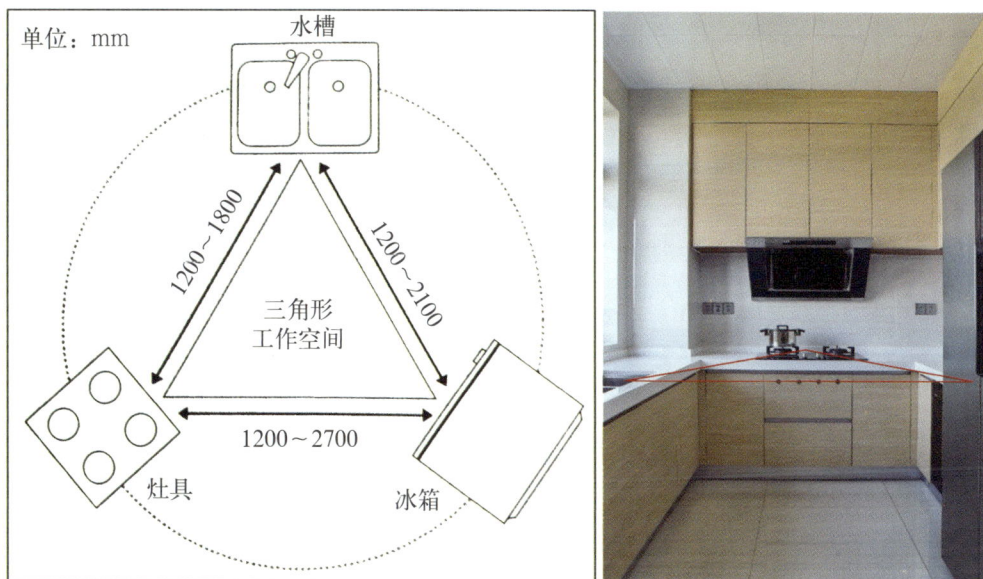

厨房工作三角示意图

图4.46

下面利用工作三角这一工具，对常见的几种厨房平面布置形式，进行一些讨论。

1. U形厨房

U形平面是一种十分有效的厨房布置方式，如图4.47所示。当采用这种布置方式时，优点主要体现在以下两方面：1.室内基本交通动线与厨房内工作三角完全脱开。2.布置面积不需很大，用起来却十分方便。根据规定，U形厨房最小净宽度为1900mm或2100mm，最小净长度为2700mm。

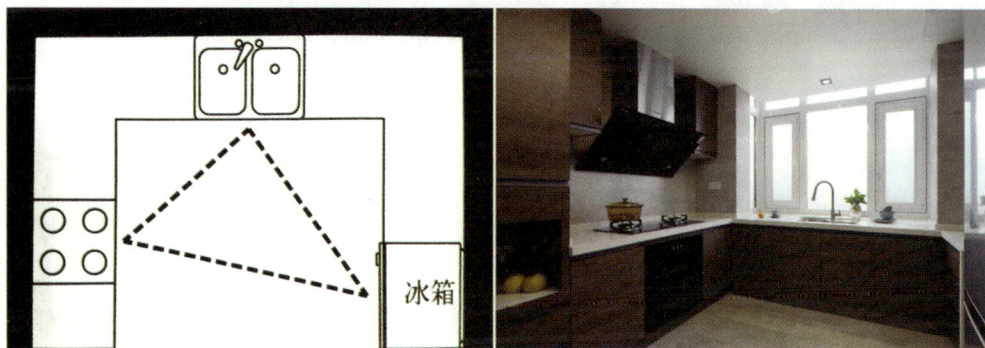

图4.47

2. L形厨房

L形厨房是在两相邻墙上连续布置柜台、器具和设备，如图4.48所示。工作三角避开了交通路线，剩余的空间可放其他设施，如进餐或洗衣设施等。根据我国住宅厨房的有关规定，L形厨房最小净宽度为1600mm或2700mm，最小净长度为2700mm。

图4.48

3. 走廊式厨房

沿两面墙布置的走廊式厨房，对于狭长房间来讲，这是一种实用的布置方式，如图4.49所示。当采用这种布置方式时，要避免有过大的交通量穿越工作三角，否则会感到不便。根据我国住宅厨房的有关规定，走廊式厨房最小净宽度为2200mm或2700mm，最小净长度为2700mm。

图4.49

4. 单墙式厨房

对于小的公寓、山林小舍，或里面只有小空间可利用的小居室，单墙厨房是一种优秀的设计方案，如图4.50所示。几个工作中心位于一条线上，形成了一个非常好用的布局。在采用这种布置方式时，必须注意避免把"战线"搞得太长，并且必须提供足够的储藏设施和足够的操作台面。根据我国住宅厨房的有关规定，单墙厨房最小净宽度为1500mm或2000mm，最小净长度为3000mm。

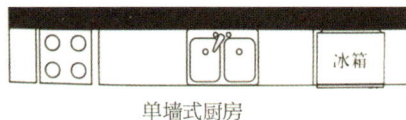

图4.50

5. "岛"式厨房

如图4.51所示，这个"岛"充当了厨房里几个不同部分的分隔物。通常设置一个炉台或一个水池，或者是两者兼有，同时从所有各边都可就近使用它，有时在"岛"上还布置一些其他的设施，如调配中心、便餐柜台、附加水槽以及小吃处等。

图4.51

4.4.3 厨房设计的五要素

首先请思考一个问题：面积是决定厨房效率的关键吗？我们看到图4.52中面积相同的两个厨房，左边为U形布局，右边为L形布局，经过比较我们发现左边厨房台面的长度等于右边厨房台面的130%。另外，研究者通过大量的研究数据得出U形布局的厨房在功能和效率上要优丁L形布局的结论。可以这样说，在厨房设计中，选择恰当的布局形式是提升空间效率的关键。第二个要素称之为黄金操作区长度保

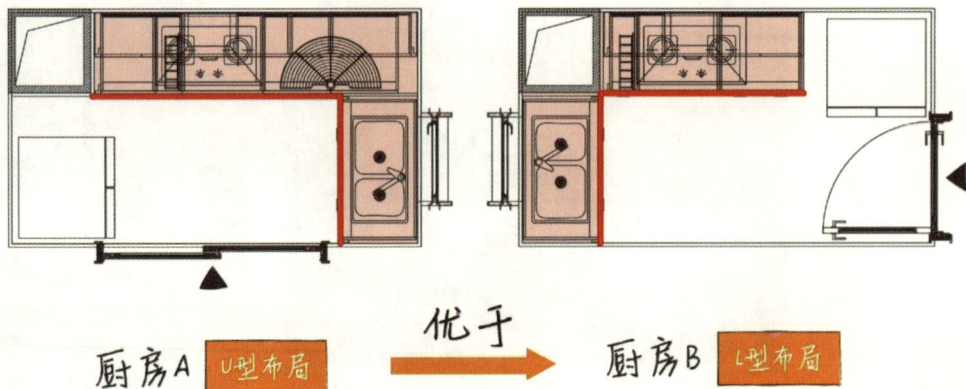

图4.52

障，也即是为切菜操作区留出台面宽度不小于500mm的操作空间，以保障洗、切、炒几个人同时操作不会相互影响。第三个要素是通过合理的动线布局，确保厨房操作中的拿、洗、切、炒四步骤流线顺畅不迂回，以提升工作效率，减轻劳动强度。在这个过程中要注意烟道的位置，避免烟道对动线的干扰。第四个要素是保障灶台最小安全边距不小于200mm，因为如果这个距离小于200mm，烹饪者在进行操作时，炒菜空间不够，容易与两侧形成碰撞，导致事故的发生。第五个要素是确保（油烟机）或者灶台距离烟道不超过2m。因为距离太远，烟机吸力不足，而且烟管非标，会增加成本，如图4.53、图4.54所示。

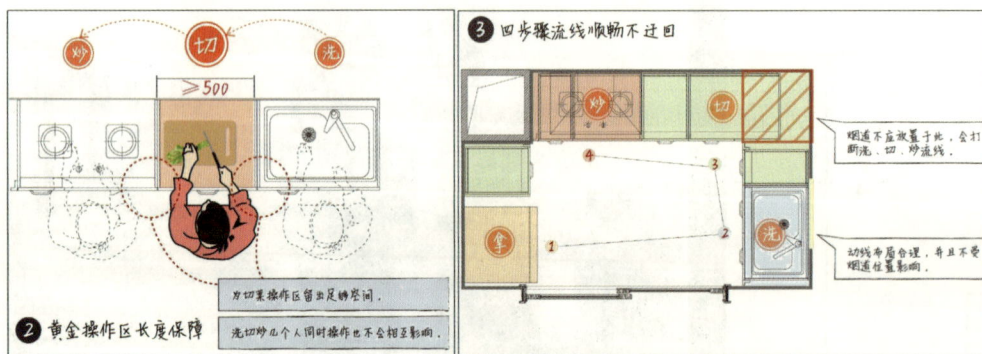

图4.53

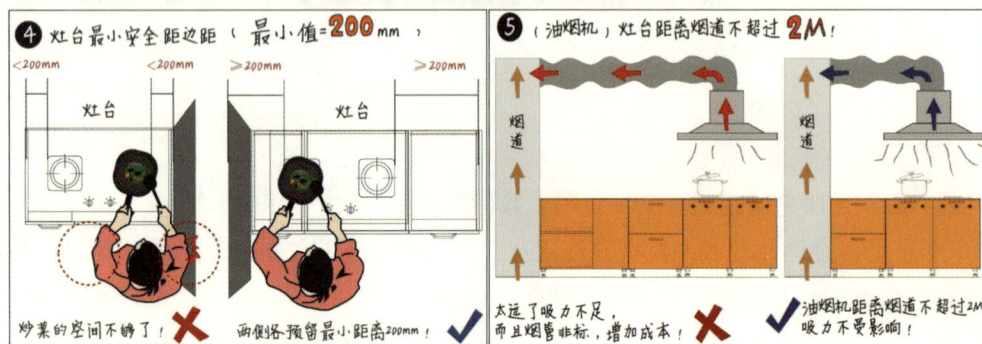

图4.54

4.4.4 橱柜及其他重要设备

说到厨房中的重要设备，就不能忽略橱柜。首先我们需要对橱柜的结构有所了解，如图4.55所示，画面当中我们能够直观地看到橱柜的零部件组成以及不同功能的柜体类型。

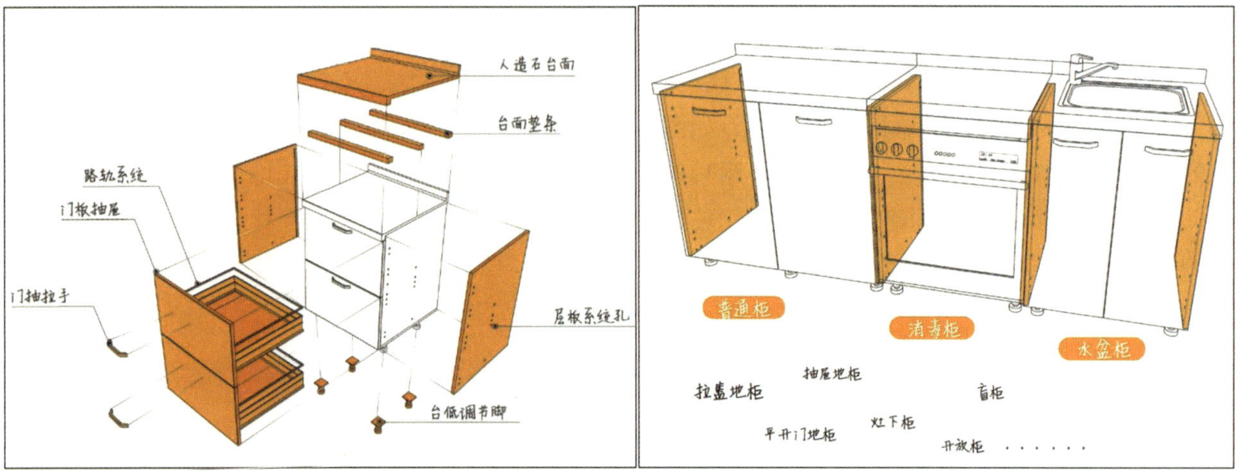

图4.55

在进行柜体设计时，要十分留意地脚高度、台面高度、吊柜下沿高度以及吊顶高度等参数的设定。在橱柜的整体风格与造型上，要为橱柜门板及台面板选择合适的材质和纹理，如图4.56所示。门板通常可以选择实木门或者PVC饰面的人造板门板，以及玻璃、金属等及其他材质的门板。台面板通常可以选择人造石或石英石，要注意台面的整体颜色和边部造型细节。要保证橱柜的质量，还不能忽视橱柜五金的选择，对抽屉拉手、滑轨、门铰链、掀门的气压杆、拉篮等都要严格把关。

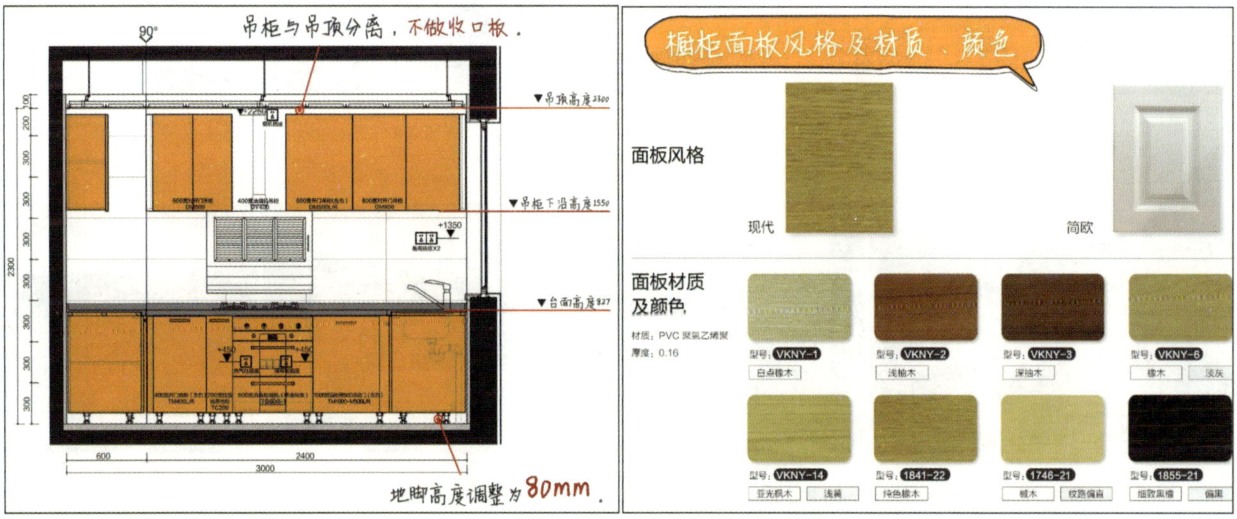

图4.56

其次是橱柜的水电设备。和厨柜进行配套使用的三大电气设备通常包括油烟机、燃气灶以及消毒柜。和橱柜密切相关的用水设备则是厨盆和龙头。作为设计师，要了解这些水电设备的尺寸规格和安装位置，同时还要对各种设备的插座、水位以及开关的布置位置有所了解，以便顺利开展相关的设计工作。

4.4.5 厨房的界面设计

由于厨房空间工作性质的特殊性，厨房空间对界面设计有防水、防油污的要求。

1. 墙面设计

常用于厨房墙面的材料有仿古瓷砖、玻化砖、大理石、钢化玻璃、不锈钢板等。不同的材料可以塑造不同的厨房特质，如图4.57所示。仿古砖墙面拥有精致复古的质感；玻化砖墙面明亮、不怕潮湿、耐酸碱；大理石墙面具有亲切自然的装饰性；不锈钢板墙面耐用、耐磨、防火；钢化玻璃墙面整体感强烈，易清洁。墙面材料的排布样式对厨房的整体风格有着重要的影响。一般来说，常见的排砖样式有现代/古典、正拼/斜拼、以及分色/花片之分，如图4.58所示。

图4.57

图4.58

2. 地面设计

常用于厨房地面的材料有瓷砖、仿古砖、木地板、大理石，和墙面装饰类似，地砖也有丰富的排砖样式，能够营造出多样的地面效果，如图4.59所示。

图4.59

3. 吊顶设计

用于厨房吊顶的装饰材料主要有：防水石膏板、PVC扣板、铝扣板、桑拿板等，如图4.60所示，设计师应根据家居空间的整体风格和投资预算进行相应的选择，以取得较好的设计效果。在厨房吊顶常用的材料当中，PVC扣板、铝扣板、桑拿板等材料适合于吊平顶，防水石膏板具有较好造型能力，适用于对吊顶造型要求较高的家居空间项目当中。

图4.60

4.5 卧室设计

4.5.1 卧室的性质及空间位置

从人类形成居住环境时起，睡眠区域始终是居住环境必要的甚至是主要的功能区域，直至今天，家居空间的内涵尽管不断地扩大，增加了娱乐、休闲、健身、工作等性质活动的比重，但睡眠的功能依然占据着家居空间中的重要位置，而且在数量上也占有相当的比重。在城市中许许多多居住条件紧张的家庭，可以没有客厅、没有私用的厨房、卫生间，但睡眠空间的完整性则必须得到满足。可以看出一个家居空间最基本的功能是应解决使用者对睡眠的需求。如图4.61，归纳了卧室内主要活动内容为睡眠、梳妆换衣以及交流；卧室内兼具的功能内容则包括储藏、视听以及阅读。

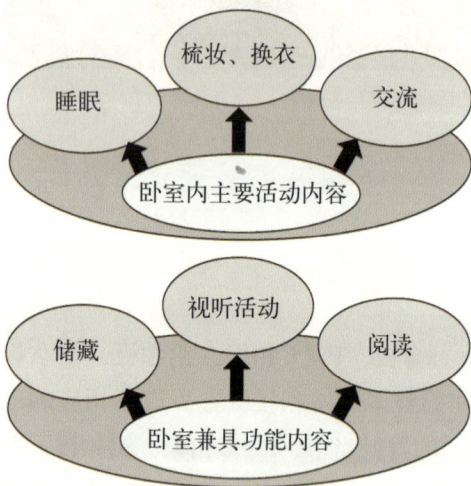

图4.61

卧室的主要功能即是满足人们休息睡眠的需要，人们对此也始终给予足够的重视。首先是卧室的面积大小应当能满足基本的家具布置，如单人床或双人床的摆放以及适当的配套家具，如衣柜、梳妆台等的布置。其次要对卧室的位置给予恰当的安排。睡眠区域在家居空间中属于私密性很强的空间——安静区域，因而在建筑设计的空间组织方面，往往把它安排于住宅的最里端，要和门口保持一定的距离，同时也要和公用部分保持一定的间隔关系，以避免相互之间的干扰。另一方面在设计的细节处理上要注重卧室的睡眠功能对空间光线、声音、色彩、触觉上的要求，以保证卧室拥有高质量的使用功能。

现在人们对卧室的空间模式提出了更高的要求，除了位置上的要求外，卧室的配套设施以及空间大小也都在不断扩展，卧室的种类也在不断细化，如主卧室、子女卧室、老人卧室、客人卧室等功能的细化对室内设计就提出了更高的要求，如图4.62。这就要求设计师从色彩、位置、家具布置、使用材料、艺术陈设等多方面入手，统筹兼顾，使不同性质的卧室在形象上有其应有的定位关系和形态特征。

图4.62

4.5.2 卧室的种类及布置要求

1. 主卧室

主卧室是房屋主人的私人生活空间，它不仅要满足双方情感与志趣上的共同爱好，而且也必须顾及夫妻双方的个性需求。高度的私密性和安定感，是主卧室布置的基本要求。在功能上，主卧室一方面要满足休息和睡眠等要求；另一方面，它必须合乎休闲、工作、梳妆及卫生保健等综合要求。因此，主卧室实际上是具有睡眠、梳妆、盥洗、储藏等综合实用功能的活动空间。以下是主卧室不同功能区域的设计要求，如图4.63所示。

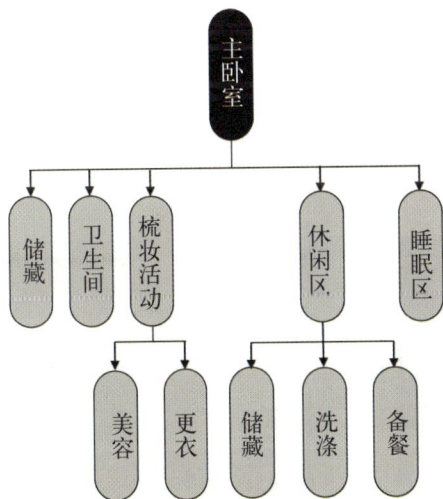

图4.63

睡眠区位的布置要从夫妇双方的婚姻观念、性格类型和生活习惯等方面综合考虑，要从实际环境、条件出发，尊重夫妇双方身心的共同需求，在理智与情感双重关系上寻求理想解决方式。在形式上，主卧室的睡眠区位可分为两种基本模式，即"共享型"和"独立型"。所谓"共享型"的睡眠区位就是共享一个公共空间进行睡眠休息等活动。在家具的布置上，可根据双方生活习惯选择，要求有适当距离的，可选择对床；要求亲密的可选择双人床，但容易造成相互干扰。所谓"独立型"则是以同一区域的两个独立空间来处理双方的睡眠和休息问题，以尽量减少夫妻双方的相互干扰。主卧室的休闲区域是在卧室内满足主人视听、阅读、思考等以休闲活动为主要内容的区域，如图4.64所示。在布置时可根据夫妻双方在休息方面的具体要求，选择适宜的空间区位，配以家具与必要的设备。

图4.64

主卧室的梳妆活动应包括美容和更衣两部分，如图4.65。这两部分的活动可分为组合式和分离式两种形式。一般以美容为中心的都以梳妆为主要设备，可按照空间情况及个人喜好分别采用活动式、组合式或嵌入式的梳妆家具形式。从效果上看，后两者不仅可节省空间，且有助于加强整个房间的统一感。更衣亦是卧室的组成部分，在居住条件允许的情况下可设置独立的更衣区位或与美容区位有机结合形成一个和谐的空间。在空间受限制时，亦应在适宜的位置上设立简单的更衣区域。

图4.65

卧室的卫生区位主要指浴室，如图4.66所示，最理想的状况是主卧室设有专用的浴室，在实际居住条件达不到时，也应使卧室与浴室间保持一个相对便捷的位置，以保证卫浴活动隐蔽并便利。

图4.66

主卧室的储藏物多以衣物、被褥为主，一般嵌入式的壁柜系统较为理想，这样有利于加强卧室的储藏功能。亦可根据实际需要，设置容量与功能较为完善的其他形式的储存家具，条件允许的情况下可以设计为步入式衣帽间，如图4.66所示。

总之，主卧室的布置应达到隐秘、宁静、便利、合理、舒适和健康等要求。在充分表现个性色彩的基础上，营造出优美的格调与温馨的气氛，使主人在优雅的生活环境中得到充分放松休息与心绪的宁静。

2. 次卧室

相对于主卧室而言，家居空间中的其他卧室都可称之为次卧室，设计师应该根据客户家庭具体情况进行设计。

次卧室可设计为儿女房、老人房、客房、家务房、保姆房、兴趣室等，如图4.67所示。

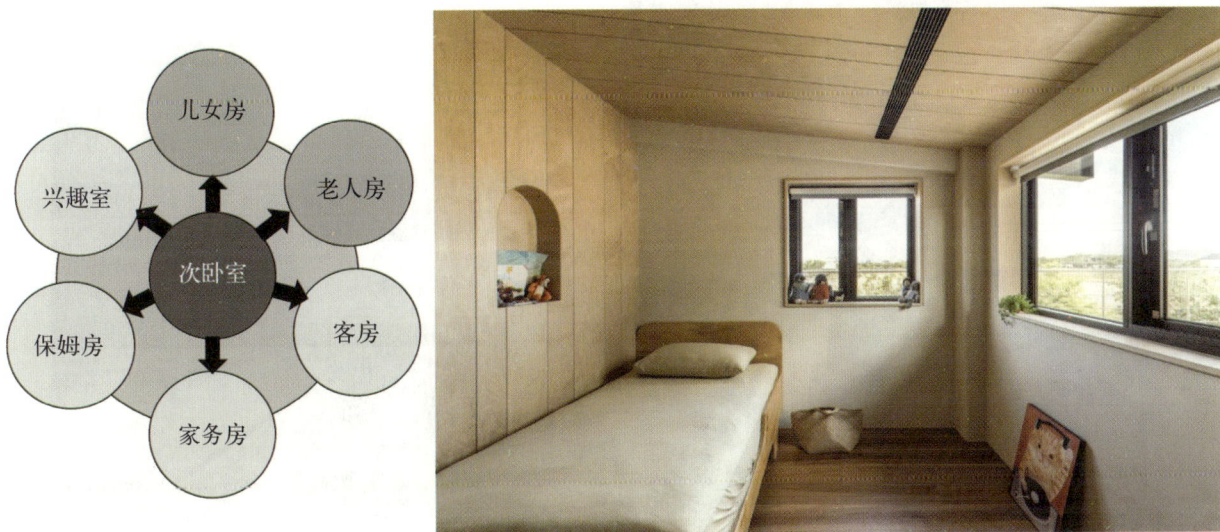

图4.67

接下来以儿童房为例来介绍儿女房的设计，如图4.68所示。儿童从年龄上看是指七至十二岁之间的孩子。这一时期的孩子开始接受正规教育，由于富于幻想和好奇心理，加上荣誉和好胜心的作用，故应以心智全面的发展为目标，强调学习兴趣，启发他们的创造力，培养他们健康的个性和优良的品德。

图4.68

在进行儿童房的设计时要特别注意以下三个方面：第一，尺度设计要合理、布局要科学。根据人体工程学的原理，为了孩子的舒适方便与身体健康，在为孩子选择家具时，应充分照顾到儿童的年龄和体型特征，比如选择可调节高度的书桌椅。在房间的整体布局上，家具要少而精，要合理利用空间摆放家具时，在注意安全性的同时，要设法给孩子留出一块活动空间。第二，装饰摆设要得当，以有利于儿童身心的健康发展为目标。如墙面的装饰可以是儿童自制的涂画作品，也可以与儿童活动爱好相结合进行设计；桌面的陈设则要兼顾观赏与实用两个方面。第三，儿童房的色彩和图案要把多样性和丰富性有机地结合在一起，如图4.69所示。

图4.69

再来看老年房。老年人与子女同住时，考虑到老年人的心理与生理特点，老人房设计应注意以下几点。

第一，老人房最好有充足的阳光，房屋向南为宜。

第二，考虑到老年人的生活不便，房间最好靠近卫生间。

第三，考虑到老年人与子女的生活习惯不同，应避免老人房的房门与子女卧室房门相对。

第四，老年人的视力一般不好，起夜较多，所以老人房的灯光强弱要适中。

第五，老年人的特点是喜欢安静，所以房门以及窗户的隔音效果要好。

第六，老年人的卧室色彩要体现高雅宁静的色调，避免使人兴奋与激动的色彩，一般以温暖和谐的色系为主。

4.5.3 卧室的装饰设计要素

1. 卧室的私密性与空间尺度

按照西方人本主义心理学的奠基人马斯洛对人类需求的划分，"私密性"属于人类最基本的心理需求，是否能满足这项需求，直接影响到人们对家园的依赖感和归属感。卧室所营造的环境应该充分地体现私密性所需的独处私密空间功能。卧室私密性应具备以下几点。

卧室门的位置：从室内布局来看，私密性体现为在房间安排上是有层次的。第一，卧室要求有较高的私密性，因此在设计时要考虑到户门最好不直接开向卧室或者望到卧室。第二，卧室门不要直接开向公共空间，如起居室、客厅、厨房、厕所等。第三，卧室开门视线向卧室内时，应该避免见到室内床位。

卧室门的大小：卧室门不宜过大，宽度在800～1000mm，避免开门一览无余给居住者造成不安的心理。

卧室内窗的位置：视线干扰是组织视觉环境的重要环节，窗的开口位置要避免与其他住户的视线对视、斜视和俯视可及，改变窗的直接对设。每个家居空间单元都应该具有不被外界干扰的私密空间，也就是人们心理上的安全空间。

卧室内窗的大小：卧室内窗户大小应在满足自然采光的前提下尽可能的小，从而减少外界因素干扰；还应根据居住者的要求是否加防护围栏。

卧室的形状、大小及活动空间在一定程度上都会影响人的心理感受。房间过大，易造成不安全感，影响入睡时间；房间太小，会给人拥挤的感觉。因此其设计应从以下几点考虑：

第一，单人及双人卧房的大小10～20m²，高度2.1～2.8m，活动空间比例为42%～55%。

第二，家里床的摆放应该以南北向为好，根据地球磁场的原理，人睡觉时应该头北脚南，这种睡觉的朝向对人的身体有利。

第三，卧室双人床不宜小于150cm。卧室储物空间应尽可能地满足居住者衣物放置的需要，避免卧室的杂乱。

2. 界面造型与材质

卧室是人们由工作(或学习等其他活动)状态进入睡眠状态，再到工作状态的"过渡"场所，以使人们在温情、休闲、舒适、愉悦的氛围中养精蓄锐。在美化装饰卧室中，要调动一切手段，如家具形式、色彩选择、光影效果、织物装饰、绿化点缀等，以保持卧室空间环境的稳定性和相对独立性，从而把来自各种方面的干扰减少到最小的程度，保证居室主人的充分休息和睡眠。在卧室设计中，要注意对称造型的应用。对称造型的最大特点是形成室内空间的稳定感和营造宁静、安逸的气氛，对使用者的休息和睡眠都很有帮助。在材质的选择上，质地柔软、温和的材料，如织物、木材等都是经常使用的材料。

3. 整体色彩与照明

卧室的色彩，应根据卧室的功能进行设计，一般来说，应以静谧、舒适、温馨的色调为主，而且色彩不要太多，2~3个颜色就可以了。

卧室以暖色调或中性色调为主，尽量避免使用过冷或反差过大的色调。

卧室的色调主要是由墙面、地面、顶棚、窗帘、床罩几大块色彩构成的。除墙面、地面、顶棚的色彩要协调统一外，要特别注意窗帘、床罩的色彩。人们在装饰装修房间时，大都在墙面、地面、顶棚的色彩已固定的情况下才再考虑窗帘、床罩，这就很容易产生不协调的情况。

卧室色彩的选择在满足功能的前提下，除选择好主色调外，还要注意色彩的主次和层次，以及色彩的变化和对比。万一色彩不协调，可以用一些中性色(如黑、白、灰、银等)来调整(如利用卧室家具、窗帘、床罩等来适当调整)，也可选择一些摆设(如花卉、装饰物、工艺品等)来进行微调。

在卧室色彩的选择中要特别注意色彩对人的生理和情绪的影响。特别要提到的是青色的催眠作用。青色一般来说给人以寒冷感，从空间性来说是远感的结晶色，具有镇静作用。它催人安定，是恢复心身的颜色之源。此外，青色对人体有促进氧气吸收的作用，它作为运动神经的一种镇静剂，能使人体松弛,促进睡眠，年纪较大的人一般睡眠都较轻，卧室装饰中多选择青色也是较有益处的，而且效果也较好。

色彩与光是紧密相连的，特别是卧室与人工照明紧密相连。卧室的睡眠功能与灯光光源有直接的联系，灯光的光色一定要与卧室的色彩相协调，以不破坏卧室色彩的灯光光色为佳。如果灯光能使室内的色彩笼罩出一种朦胧的感觉，或使卧室色彩更加柔和、恬淡，则是理想的灯光光源配置。

4.6 书房设计

4.6.1 书房的性质及空间位置

1. 书房的性质

书房是居室中私密性较强的空间，是人们基本居住条件高层次的要求，它给主人提供了一个阅读、书写工作和密谈的空间，其功能较为单一，但对环境的要求较高。首先要安静，给主人提供良好的环境；其次要有良好的采光和视觉环境，使主人能保持轻松愉快的心情；再次要格调高雅，清新淡雅以怡情；最后要讲究秩序，有序是工作效率的保证。

通常来讲，书房室内活动的主要内容包括阅读、会客接待以及家教等活动。书房室内兼具的功能内容则包括游戏、健身、视听以及睡眠等，如图4.70所示。

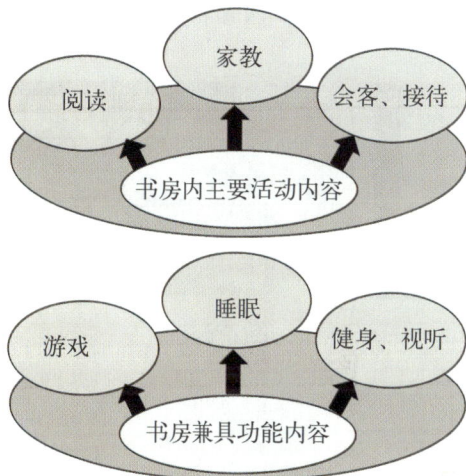

图4.70

2. 书房的空间位置

书房的设置要考虑到朝向、采光、景观、私密性等多项要求，以保证书房环境质量的优良。因而在朝向方面，书房多设在采光充足的南向、东南向或西南向，忌朝北，这样可使室内照度较好，以便缓解视觉疲劳。

由于人在书写阅读时需要较为安静的环境，因此，书房在居室中的位置，应注意如下几点。

（1）适当偏离活动区，如起居室、餐厅，以避免干扰。

（2）远离厨房储藏间等家务用房，以保持清洁。

（3）和儿童卧室也应保持一定的距离，以避免儿童的喧闹影响环境。

4.6.2 书房的布置及家具设施要求

1. 书房的布置

书房的布置形式与使用者的职业有关，不同的职业工作方式和习惯差异很大，应具体问题具体分析。有的特殊职业要求书房除阅读以外，还有工作室的特征，因而必须设置较大的操作台面。同时书房的布置形式与空间有关，这里包括空间的形状、空间的大小、门窗的位置等。空间形状的差别可以产生完全不同的布置。

尽管书房的布置多种多样，但其空间结构基本相同，无论什么样的规格和形式，书房都可以划分出工作阅读区域、藏书区域两大主要部分，如图4.71所示。其中工作和阅读应是空间的主体，应在位置、采光上给予重点处理。首先，这个区域要安静，所以尽量布置在空间的尽端，以避免交通的影响；其次，朝向要好，采光要好，人工照明设计要好，以满足工作时视觉要求。另外，和藏书区域联系要便捷。藏书区域要有较大的展示面，以便主人查阅，特殊的书籍还有避免阳光直射的要求。为了节约空间，方便使用，书籍文件陈列柜应尽量利用墙面来布置。有些书房还应设置休息和谈话的空间。在不太宽裕的空间内满足这些要求，必须在空间布局上下功夫，应根据不同家具的不同作用巧妙合理地划分出不同的空间区域，达到布局紧凑、主次分明的效果。

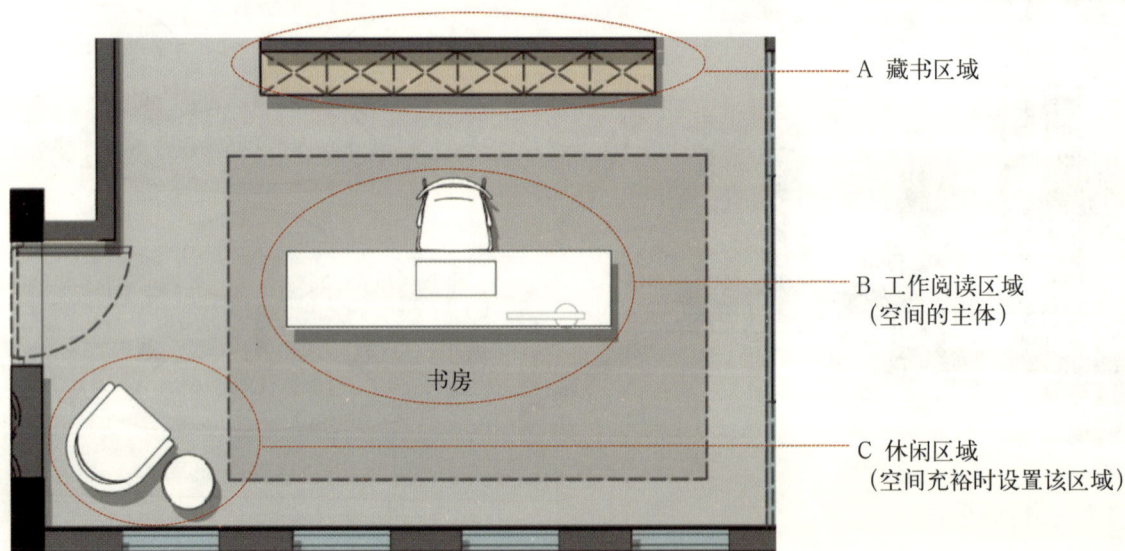

A 藏书区域

B 工作阅读区域
（空间的主体）

C 休闲区域
（空间充裕时设置该区域）

书房

图4.71

2. 书房的家具设施

根据书房的性质以及主人的职业特点，书房的家具设施变化较为丰富，归纳起来有以下几类，如图4.72所示。

（1）书籍陈列类：包括书架、文件柜、博古架、保险柜等，其尺寸以最经济实用及使用方便来设计选择。

（2）阅读工作台面类：包括写字台、操作台、绘画工作台、电脑桌、工作椅。

（3）附属设施：包括休闲椅、茶几、文件粉碎机、音响、工作台灯、笔架、电脑等。

现代的家具市场和工业产品市场提供了种类繁多，令人眼花缭乱的家具和办公设施，设计师应根据设计的整体风格去合理地选择和配置，并加以良好的组织，把书房空间打造成一个舒适方便的工作环境。

A　书籍陈列类

B　阅读工作台面类

C　附属设施

图4.72

4.6.3　书房的设计手法

书房是一个工作空间，但绝不等同于一般的办公室，要和整个家居的气氛相协调，同时又要巧妙地应用色彩、材质变化以及绿化等手段来创造一个宁静温馨的工作环境，如图4.73所示。在家具布置上不必像办公空间那样整齐干净，而要根据使用者的工作习惯来布置摆设家具、设施甚至艺术品，以体现主人的爱好与个性。设计师可以从采光、照明、色彩、陈设、绿化几个方面进行书房设计。

图4.73

（1）书房的采光——书房应该尽量占据朝向好的房间，相比于卧室，它的自然采光更重要，如图4.74所示。书桌的摆放位置与窗户位置很有关系，一要考虑光线的角度，二要考虑避免电脑屏幕的眩光。

（2）书房的照明——人工照明要把握明亮、均匀、自然、柔和的原则。主体照明可选用乳白色灯罩的白炽吊灯，书桌上设置可满足不同亮度需求的台灯最佳，如图4.75。

图4.74

图4.75

图4.76

图4.77

（3）书房的色彩——花里胡哨的颜色容易分散注意力，所以颜色最好以浅色为主，淡绿、浅棕、米白等柔和色调的色彩较为适合，如图4.76所示。

（4）书房的陈设——书房中的陈设艺术品以体现主人的爱好与个性为佳，如图4.77所示。

（5）书房的绿化——在书房内养些小植物，摆放些小盆景，不仅可以增加书房宁静感，还可以陶冶情操、净化空气，如图4.78所示。

图4.78

4.7　卫生间设计

卫生间是有多样设备和多种功能的家庭公共空间，又是私密性要求较高的空间，同时卫生间又兼容一定的家务活动，如洗衣、储藏等。它所拥有的基本设备有洗脸盆、浴盆、淋浴喷头、抽水马桶等，并且要在梳妆、浴巾、卫生器材的储藏以及洗衣设备的配置上给予一定的考虑（图4.79）。从原则上来讲，卫生间是家居的附设单元，面积往往较小，其采光、通风的要求也常常被忽略，以换取家居总体布局的平衡。尤其在我国受居住标准的限制，多数家庭难以对卫生空间的环境质量有更多的奢望，只能在现有条件下进行有限的改善和选择。社会的进步带动了居住环境的文明发展，当今已出现了拥有两个或更多卫生间的居室户型，卫生空间的形态、格局也在发生着变化。同时，人们把精力更多地投入装修装饰阶段，用造型、灯光、绿化、高质量产品来改善、优化卫生间环境。

从环境上讲，浴室应具备良好的通风、采光及取暖设备。在照明上应采用整体与局部结合的混合照明方式。在有条件的情况下，对洗面、梳妆部分应以无影照明为最佳选择。在住宅中，卫生间的设备与空间的关系应得到良好的协调，对不合理或不能满足需要的卫生间应在设备与空间的关系上进行改善。对卫生间的格局应在符合人体工程学的前提下予以补充、调整，同时应注意局部处理，充分利用有限的空间，使卫生间能最大限度地满足家庭成员的需求。下面对卫生间的空间设备以及使用形式进行详细的分析，以便为设计师提供设计的依据和思路。

图4.79

4.7.1 卫生间的使用形式

1. 使用卫生空间的目的

浴室：用于冲淋、浸泡擦洗身体、洗发、刷牙、更衣等。

厕所：用于大小便、清洗下身、洗手、刷洗污物。

洗脸间：用于洗脸、洗发、洗手、刷牙漱口、化妆梳头、刮胡子、更衣、洗衣物、敷药等。

洗衣间（家务室）：用于洗涤、晾晒、整烫衣物。

在卫生空间中的行为因个人习惯、生活习俗的不同有很大差别，与空间是合并还是独立也有关系，因此不限于上述划分（图4.80）。

2. 使用卫生空间的人

一般人(工作、学习的人)：在一定的时间段使用，容易在高峰期发生冲突。人口多或结构复杂的家庭应把卫生空间分离成各自独立的小空间或加设独立厕所和洗脸池等。

老人、残疾人：使用卫生空间时很容易出现事故，必须十分重视安全问题。应在必要的位置加设扶手，取消高差，使用轮椅或需要保护者时，卫生空间应相应加大。

婴幼儿：在使用厕所浴室时需有人帮助，在一段时间需要专用便盆、澡盆等器具，要考虑洗涤污物、放置洁具的场所。幼儿使用浴室时，有被烫伤、碰伤、溺死的危险，必须注意安全设计。孩子在外面玩耍不免会带回沙尘，有条件的最好在入口处设置清洗池，以便在进入房间前清洗干净。

客人：常有亲戚朋友来做客和暂住的家庭，可考虑分出客人用的厕所等。没条件区分时，可把洗脸间、厕所独立出来，这样也比较利于使用。

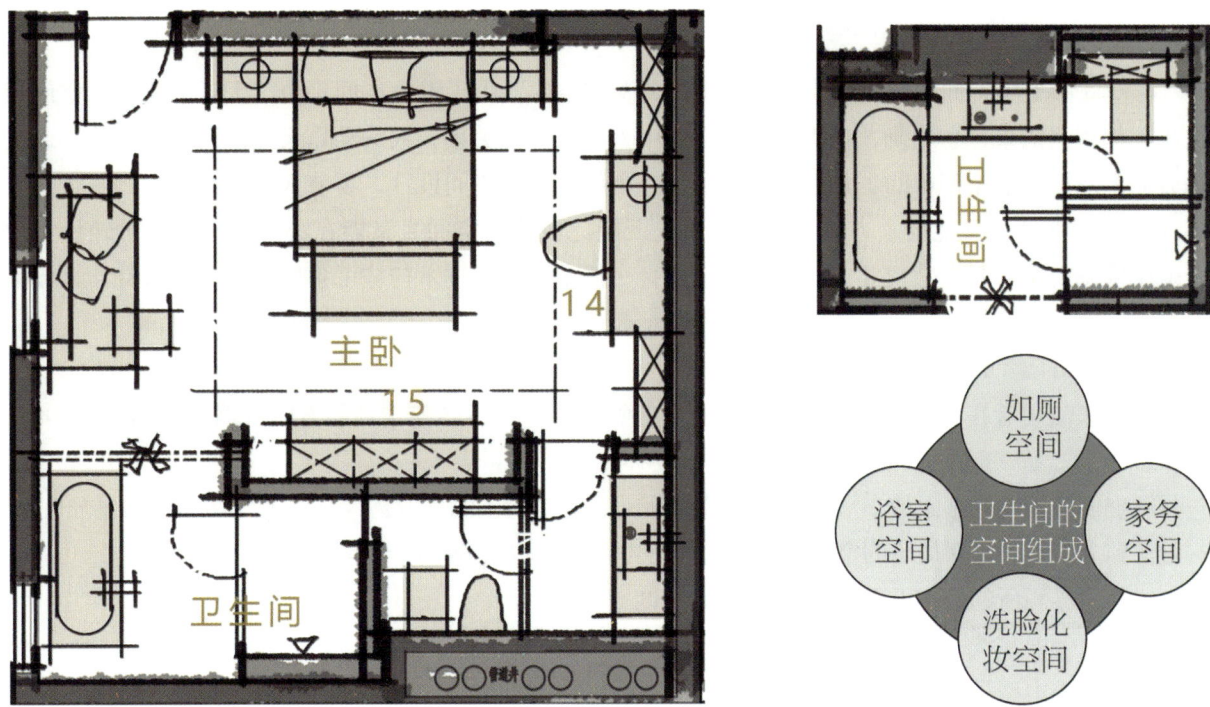

图4.80

3. 使用卫生空间的时间段

早上：早晨是使用卫生间的高峰时间。人们一般不能保证在卫生间有充足的时间洗脸、刷牙、梳理。成年人每天上班之前要占用卫生间，现代的年轻人化妆梳理时亦占用卫生间比较长，还有准备去上学的孩子。人们在某一小段时间内几乎同时需要使用厕所、洗脸池，特别是按医学的要求大便又应在早饭后完成，于是造成的家庭不便就可想而知了。

晚上：晚上虽时间充裕，对于只有一个卫生间的家庭，仍存在上厕所和洗澡产生矛盾的情况。

深夜：老人、有起夜习惯的人需使用厕所，冲水的声音可能影响他人休息。

休息日、节日：节假日在外的家人回来、亲友来访等，使用卫生空间的次数增多。此外，个人卫生的清理（洗澡、洗发）、房间洁扫、衣物洗涤、整烫等工作相对比较集中，卫生空间的使用率比平日高。随着生活水平的提高和居住条件的逐步改善，人们对双卫生间的需求越来越强烈。双卫生间常常由一个主卫和一个客卫组成。双卫生间可以缓解人们早晚如厕高峰时使用的矛盾，又可以保证主、客各自的私密性和卫生性。

4.7.2 卫生间的人体工程学

家居空间中卫生空间是应用人体工程学比较典型的空间。由于卫生空间集中了大量的设备，空间相对狭小，使用目的单一、明确，在研究卫生空间中人与设备的关系，人的动作尺寸及范围，人的心理感觉等方面要求比一般空间中的更加细致、准确。一个好的卫生空间设计，要使人在使用中感到很舒适，既能使动作伸展开，又能安全方便地操作设备；既能比较节省空间，又能在心理上造成一种轻松宽敞感。卫生空间的基本尺寸是由几方面综合决定的，一般主要考虑技术与施工条件、设备的尺寸、人体活动需要的空间大小及一些生活习惯和心理方面的因素。

便器加水箱尺寸的最小尺寸745~800mm。

为了确保使用者在卫生间站起、坐下、转身能够自如，坐便器前端到前方门或墙的距离应为500~600mm。

独间坐便器厕所的平面最小尺寸为800~1200mm，这是为了满足便器尺寸和人体活动的必要尺寸。

考虑到人下蹲时与四周墙的空间关系，蹲便器中心到两边墙的距离至少要有400mm。

独间蹲便器厕所的最小平面尺寸为800mm×800mm。

为了保证便器和洗脸盆的使用比较顺畅，便器的中心线到洗脸盆边的距离要在450mm以上。

带有小型或中型浴缸的独立浴室尺寸分别为1200mm×1650mm、1650mm×1650mm。

在设计单独淋浴浴室尺寸时，需要考虑人体淋浴时的活动空间与喷头射角，其通常设置的最小空间尺寸为900mm×1100mm、800mm×1200mm。

小、中、大三种不同规格典型三洁具卫生间的平面尺寸分别为：1400mm×1000mm、1200mm×1600mm、1800mm×2000mm。

4.7.3 卫生间的平面布置

家居空间卫生空间的平面布置与气候、经济、文化、生活习惯、家庭人员构成、设备大小与形式有很大关系。因此，它在布置上有多种形式，例如有把几件卫生设备组织在一个空间中的，也有分置在几个小空间中的，归结起来可分为兼用型、独立型和折中型三种形式，如图4.81所示。

从发达国家卫生空间的布置形式上看，日本将浴室独立设置的情况很多，厕所一般不与浴室合并。这主要是因为日本人习惯每天洗澡、泡澡，使用浴室时间较长，一般一个人每天的使用时间在20~40分钟。他们先在浴盆外进行淋浴，把身体清洗干净，然后进入浴盆浸泡，直到把身体全部温暖、浸热。此外，日本人把浴室作为解除疲劳、休息养神的场所，对浴室的气氛和清洁度要求较高，若便器放在浴室里，一是有人洗澡时，其他人上厕所不便；二是心理上有抵触感，认为不洁。

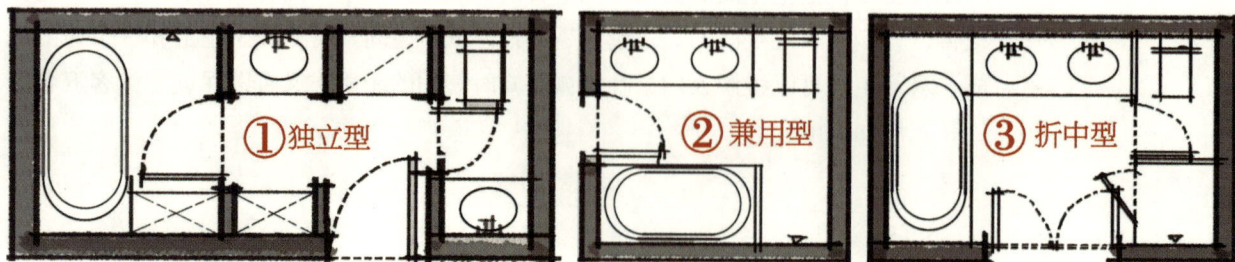

图4.81

欧美人强调浴室接近卧室，以便睡前入浴和清早淋浴。在卫生空间布置上多采用兼用型，几件洁具合在一室，家庭结构复杂时则多设几套卫生间，重视个人生活的私密性和使用的方便性。

我国目前由于经济条件的限制，一般居室的卫生间多为兼用型，但整个卫生间面积偏小，设备布置过挤，不利于使用。由于使用功能的复杂和多样化，现代卫生空间中的洗脸化妆部分，与厕所、浴室分开布置的情况越来越多。另外，洗衣和做家务杂事的空间近年来被逐渐重视起来，因此出现了专门设置洗衣机、清洗池等设备的空间，与洗脸间合并一处的也很多。此外，桑拿浴开始进入家庭，成为卫生空间中的一个组成部分，通常附设在浴室的附近。

1. 独立型

卫生空间中的浴室、厕所与洗脸间等各自独立的场合，称为独立型平面布置。

独立型平面布置的优点是各室可以同时使用，特别是在使用高峰期可减少互相干扰，各室功能明确，使用起来方便、舒适。缺点是空间面积占用多，建造成本高。

2. 兼用型

把浴盆、洗脸池、便器等洁具集中在一个空间中，称为兼用型平面布置。

兼用型平面布置的优点是节省空间、经济，管线布置简单等。缺点是一个人占用卫生间时，影响其他人使用。此外，面积较小时，储藏等空间很难设置，不适合人口多的家庭。兼用型平面布置中一般不适合放入洗衣机，因为入浴等湿气会影响洗衣机的寿命。

目前洗衣机都带有甩干功能，洗衣流程中较少带水作业，如设好上下水道，洗衣机放在走廊拐角、阳台、暖廊，厨房附近都是可行的。

3. 折中型

卫生空间中的基本设备，部分独立、部分合为一室的情况称为折中型平面布置。折中型平面布置的优点是相对节省一些空间，组合比较自由；缺点是部分卫生设备置于一室时，仍有互相干扰的现象。

4.7.4 卫生间的造型及色彩设计

1. 卫生间的造型设计

（1）界面设计——即通过围合空间的界面处理来体现格调，如地面的拼花、墙面的划分、材质对比、洗手台面的处理、镜面和边框的做法以及各类储存柜的设计，如图4.82所示。设计时应考虑所选洁具的形状、风格对卫生间界面的影响，应与之协调，同时在做法上要精细，尤其是装修与洁具相互衔接部位上，如浴缸的收口及侧壁的处理，洗手化妆台面与面盆的衔接方式，精细巧妙的做法能反映卫生间的品格，如图4.83所示。

图4.82　　　　　　　　　　　　　　　　　　图4.83

（2）照明方式——卫生间虽小，但光源的设置却很丰富，往往有两到三种色光及照明方式综合作用，形成不同的气氛，起着不同的作用，如图4.84所示。灯光颜色尽量使用暖色调，要用明亮柔和的光线均匀地照亮整个房间。根据功能要求，可在洗面盆上方或镜面两侧设置照明灯具，使人的面部能有充足的照明光源，方便化妆。

图4.84

2. 卫生间的色彩设计

卫生间的色彩与所选洁具的色彩是相互协调的，同时材质也很重要，通常卫生间的色彩以暖色调为主，材质要利于清洁及考虑防水，如石材、面砖、防火板等，如图4.85所示。在标准较高的场所也可以使用木质，如枫木、樱桃木、花樟等，还可以通过艺术品和绿化的配合来点缀，以丰富色彩变化。

图4.85

4.7.5　卫生间的技术要求

1. 防水要求——界面材料与防水处理

卫生间的顶面材料多采用防水石膏板、铝扣板等材料，墙地面则是采用大理石和防水性较好的瓷砖。墙地面防水处理应采用柔性防水涂料，须纵横涂刷各一遍，厚度不低于1.2mm，以确保防水层密封性。卫生间湿区（如沐浴房、浴缸）的墙面防水高度应不低于1800mm，干区的墙面防水高度应不低于1200mm（图4.86）。

2. 通风要求

由于卫生间的活动性质，卫生间里经常会聚集很多湿气，所以卫生间的通风设计特别的重要。卫生间尽量开明窗，这样有利于卫生间的通风（图4.87），但是多数小户型暗卫建议利用卫生间里的排风口。

3. 干湿分区

卫生间应该重视功能分区，要注意干湿分离与动静分离（图4.88）。为防止卫生间地面的水被带到其他房间去，可以有效地隔离淋浴空间，使卫生间中其他部分形成干燥区。

图4.86

图4.87

图4.88

4.8　阳台设计

4.8.1　初识阳台

阳台是建筑物室内的延伸，是居住者接受光照、呼吸新鲜空气、晾晒衣物、摆放盆栽、进行户外锻炼、观赏、纳凉的场所，其设计需要兼顾实用与美观的原则，如图4.89所示。阳台分为开放式阳台和封闭式阳台两种。如果住宅所处环境污染比较严重、噪音比较大，建议采用封闭式阳台；如果住宅所处环境空气质量比较好，户外环境也比较优美，则建议做成开放式的阳台。阳台的美体现在与自然接触中所展现出来的生机，让人们感受到一般室内不能得到的美感。

图4.89

4.8.2　阳台的功能

（1）储物功能。如果家居空间比较小，但是家里的杂物又比较多，可以在阳台墙侧面通过定制柜子来增加储物空间，不常用的或换季用的物品都可以收纳到柜子里。但是因为阳台环境的原因，应尽量将易潮或易热的东西换个地方储藏起来。

（2）洗衣晾晒的功能。如果阳台空间允许的话，可以给阳台装一个洗手盆。除了可以洗漱外，还可以手洗一些小件、单薄的衣物。在阳台配置好洗衣机也是一个不错的设计方案，这样的话洗好后就可以直接晾在阳台，避免在卫生间洗好后再拿到阳台，这样非常方便。

（3）休闲放松的功能。生活比较小资的业主，可以在阳台定做一个卡座或者放几把椅子和小圆桌，趁着周末约几个好友闲坐喝茶聊天，也是非常惬意的（图4.90）。

①储物　　　　　　　　　②洗衣晾晒　　　　　　　　　③休闲放松

图4.90

4.8.3 阳台的设计要点

（1）排水处理——为避免雨水泛入室内，阳台地面应低于室内楼层地面30～60mm，向排水方向做平缓斜坡，外缘设挡水边坎，将水导入雨水管排出。如图4.91所示。也有在阳台的一端或两端埋设镀锌钢管或塑料管直接向外排水，最上层的阳台顶部设防雨顶盖。

图4.91

（2）栏杆和扶手——为了安全，沿阳台外侧设栏杆或栏板，高约1m，可用木材、砖、钢筋混凝土或金属等材料制成，上加扶手（图4.92）。

图4.92

（3）界面设计——阳台地面和饰面材料在风格上应与室内保持一致，还应具有抵抗大气和雨水侵蚀、防止污染的性能。通常来讲，阳台的地面的装饰材料可以选择大理石、仿古砖、玻化砖以及防腐木地板。对墙面而言，装饰性比较强的防水涂料或瓷砖、石材都是不错的选择（图4.93）。

图4.93

（4）绿化设计——进行阳台绿化，既能美化生活空间环境，又能有助于改善室内空间的小气候（图4.94）。进行绿化时，应根据当地气候和个人爱好，栽植各种花木。适当的绿化会使阳台显得格外清新、幽雅宁静，能给主人提供一个休闲、观赏的好场所。

图4.94

　　绿化设计的注意事项：①应充分考虑阳台的负荷，从安全角度考虑，切忌堆放过多过重的盆槽；②应充分根据阳台特点和植物生态要求配置植物，使植物能够在阳台上生长良好，花开不断；③阳台绿化的材料及阳台植物栽种要与阳台建筑形式协调，并注意与整幢建筑物的协调（图4.95）。

图4.95

4.9　过道与走廊设计

　　家居空间中的过道与走廊的设计一度被人们所忽视。随着住房条件的改善，越来越多的家居空间中有了一大块专用的行走空间，即过道与走廊。我们不难体会走过一个两壁空空的过道与走廊会多么单调而乏味，如何让它变得宽敞明亮，增加行走之中的乐趣，又能很好地连接两个空间，这是设计所要达到的目的。

4.9.1　过道与走廊在家居空间中的作用

　　（1）交通作用——过道又叫走道，在家居空间的构成中属于交通空间，起联系和使用空间的作用。过道是空间与空间水平方向的联系方式，它是组织空间秩序的有效手段。在过去的家居空间设计中，减少交通空间是提高家居空间使用效率的主要方法，走道往往和单调、浪费等印象联系在一起。随着人们居住条件的不断改善和居住水准的不断提高，家居空间的经济性已不再是衡量其质量的唯一标准。变化和舒适开始逐步占据人们的心理需求，于是交通空间的另一方面的含义——过渡性开始显现出来，并且人们开始注重它们的形式变化所带来的生动效果，开始用装饰的手段来进一步强化其作用，丰富其语言。于是过道设计开始走出单调、沉闷、呆板的形式，出现了层次的变化、光影的变化。如在图4.96所示的平面布置方案中，就是通过过道组织形成了清晰、明确的空间布局。

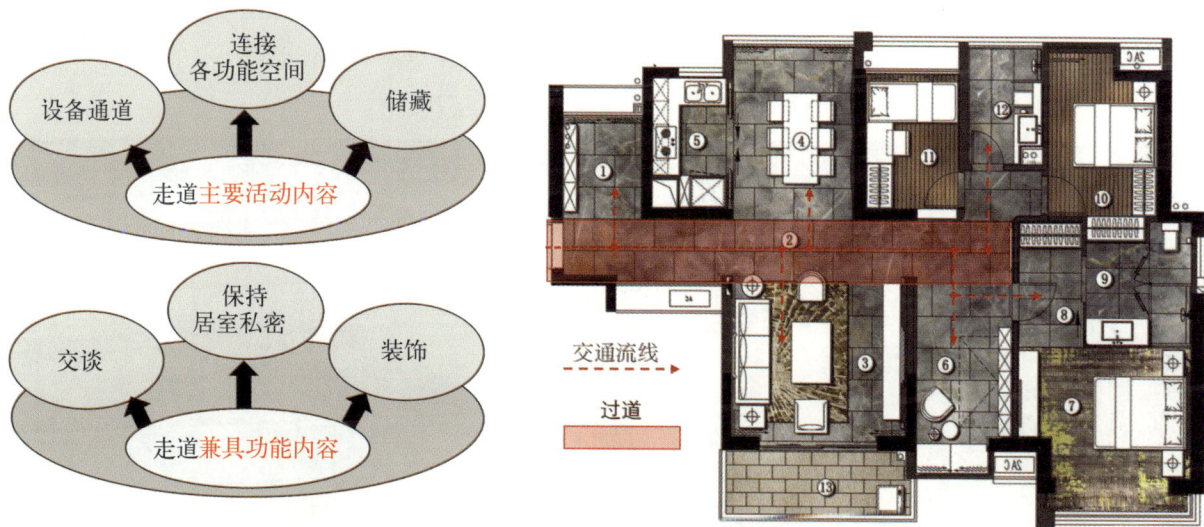

图4.96

　　（2）过道的引导性和暗示性——交通空间是一个空间通向其他空间的必经之路，因而应具备较强的引导性。引导性首先是由交通空间的界面和尺度所形成的方向感决定的，由于家居空间中各使用空间是主角，所以交通空间的位置往往比较次要，但设计者又希望通过这些部位来暗示那些看不到的空间，以增强空间的层次感。因而这部分交通空间的形式设计就显得极其重要，因为它必须让使用者和来访客人感觉到它的存在和它后面所隐藏的内容（图4.97）。

图4.97

（3）过道的视觉作用——过道作为家居空间构成的重要部分，在发挥交通空间作用的同时，其视觉方面对居住者的影响也不容忽视（图4.98）。过道功能较为单一，但形式上的丰富对整个空间环境的塑造十分有利，良好的过道空间能够在满足其作为交通空间功能要求的同时，也能够满足使用者的审美需要。因此在设计的时候必须兼顾功能和视觉两方面的因素，并结合空间形态和审美心理来处理，其风格样式要与室内空间的整体风格协调一致，否则将会出现混乱的局面。

图4.98

4.9.2 过道与走廊的设计原则

过道与走廊常常让人觉得狭长、单调而局促。因此，设计走廊的原则是：尽量避免狭长感和沉闷感。在公共空间中，由于使用功能的重要，我们常可以看到很多优秀的过道与走廊设计，使过道与走廊有时还兼有艺术品展示和休息区的功能。但在家居空间中过道与走廊常常被人们忽略，设计乏味，没有特点。其实，对过道与走廊的处理也是提升家居品位的重要因素。

过道与走廊是连接各个房间、楼梯和门厅等各部分，以沟通房屋中水平联系和人员的疏散通道。过道与走廊的宽度应符合人流通畅及建筑防火的要求。在通行人数少的居室的过道与走廊中，考虑到两人相对通过和搬运家具的需要，过道与走廊的最小宽度不宜小于1.1米。有坡度的过道与走廊，坡度应小于1：8，如果坡度大于1：8时，则坡道上应有防滑措施或增加扶手。

4.9.3　过道设计的形式

根据我国《住宅设计规范》规定，套内入口过道净宽不应小于1200mm，通往卧室起居室的过道净宽不应小于1000mm，通往厨房卫生间储藏室的过道净宽不应小于900mm。过道在拐弯处的尺寸应便于搬运家具。

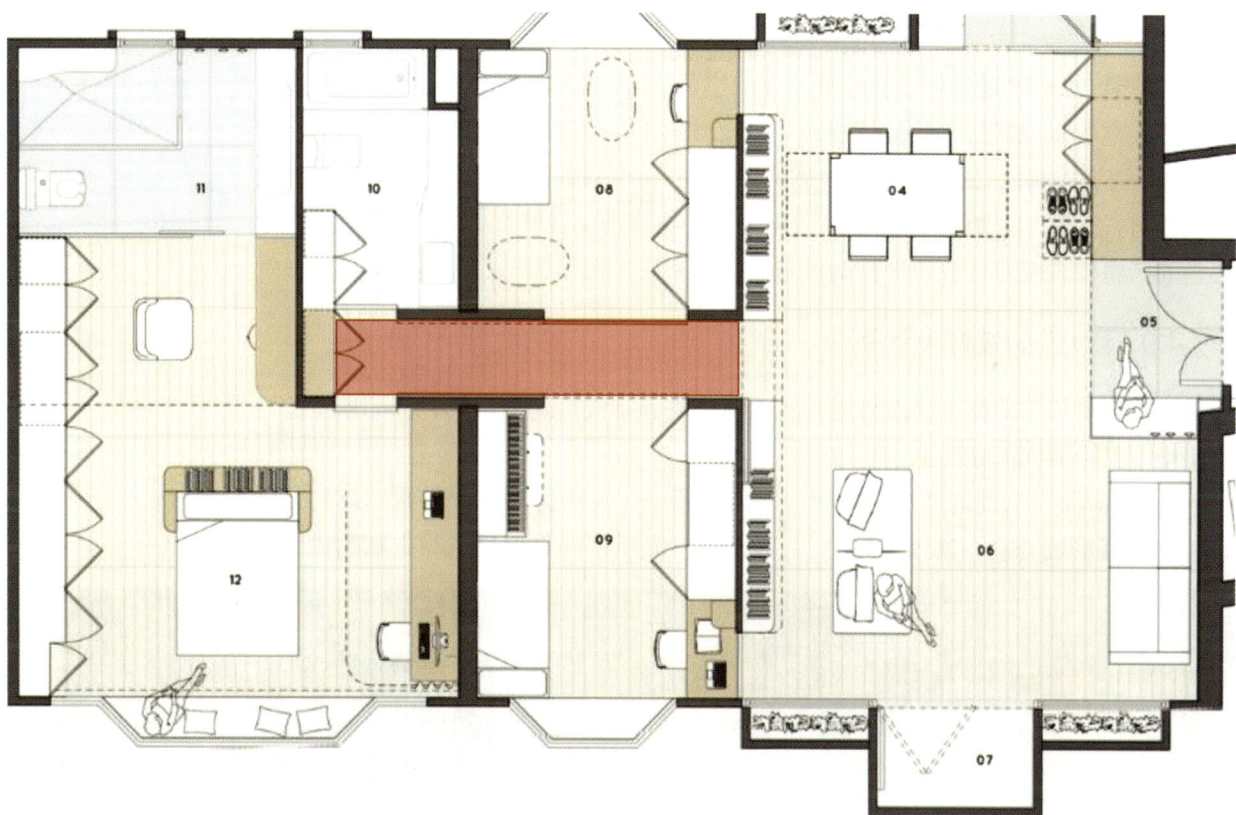

图4.99

过道依据空间水平方向的组织方式，在形式上大致可以分为一字形（图4.99）、L形（图4.100①）、T形（图4.100②），性质上大致分为外廊、单侧廊和中间廊。不同的过道形式在空间中起着不同的作用，也产生了迥然不同的特点。如一字形过道方向感强、简洁、直接。一字形的外廊又有明亮、开朗的特点。但对于过长的一字形走廊来说，如果处理不当则会产生单调和沉闷感。图4.99中所示的户型中，过道的形式即为一字形过道。图4.100①为L形过道，L形过道迂回、含蓄，富于变化，往往可以加强空

不

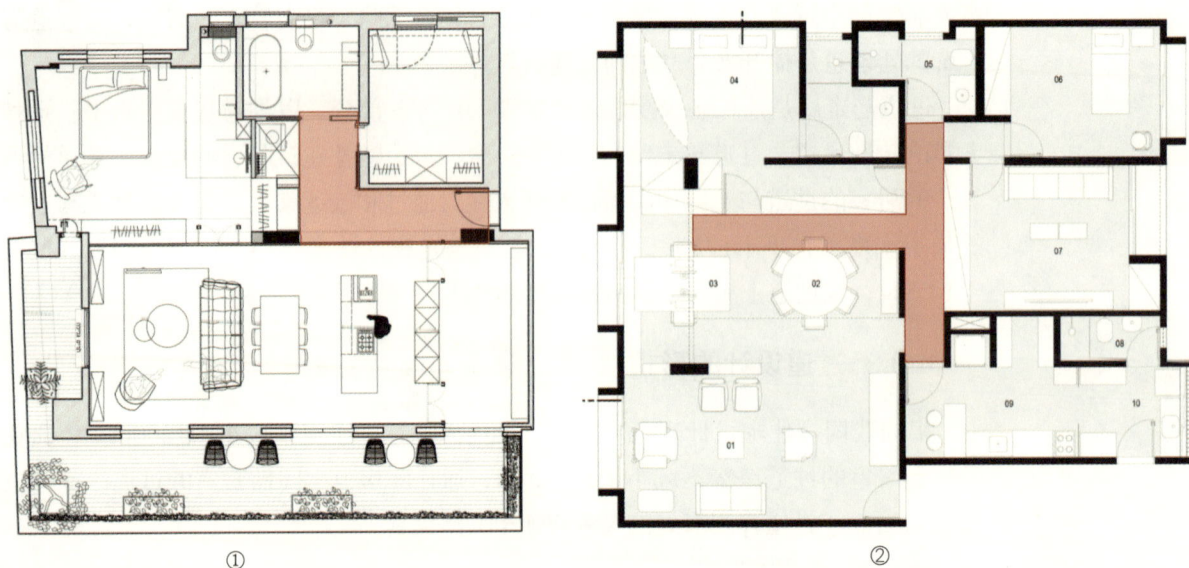

①   ②

图4.100

间的私密性。L形过道既可以把性质不同的空间，如起居室与卧室相连，使动静区域之间的独立性得以保持，又可以联系不同的公共空间，使室内空间的组成在方向上产生突变，视觉上有柳暗花明的感觉。图4.100②是T形过道，T形过道是空间之间多向联系的方式，它较为通透，而两段过道相交之处往往是设计师大做文章的地方，处理得当的话将使景观变化有效地打破过道沉闷、封闭之感。

4.9.3 过道的装饰设计手法

过道由吊顶、地面、墙面组成，其中很少有固定或活动的家具，因而所有的变化集中于几个界面的处理上。

（1）吊顶——过道吊顶形式简洁，仅做照明灯具的排列布置，常用筒灯或槽灯，阴角线的收合需与其他空间协调，如图4.101所示。根据过道与走廊的设计情

图4.101

况不同，设计的重点和处理的技巧也不同。对封闭式且很狭长的过道与走廊，可以在过道与走廊的末端做对景台，吸引人的视线，让人感觉不到狭长。

（2）地面——过道地面选择图案或创造拼花时应注意它的视觉完整性和轴对称性，同时图案本身以及色彩也不宜过分夸张。地面波打边的变化也应考虑和起居室、卧室、卫生间等不同材料，以保持和空间的地面材料变化的独立性，如图4.102所示。另外，过道地面选材还应注意声学上的要求。由于过道连接公共与私密空间，所以在选材时一定要考虑到人的活动声响对空间私密性的影响。

图4.102

（3）墙面——过道空间的主角是墙面，墙面应符合人的视觉观赏上的要求，可以做较多的装饰和变化。设计重点在于两个方面：一是墙面本身，二是依附于墙面的陈设艺术（图4.103、图4.104）。

（4）房门——门的处理主要包含以下几方面：门的材质与墙面材质的对比，门的样式与整个空间形式的协调以及锁具的选择，在门的形式选择上也要兼顾实用和美观两大原则（图4.105）。

图4.103

图4.104

图4.105

4.10 储藏空间设计

4.10.1 储藏空间的必要性

　　无论从家庭日常生活的使用功能方面还是从环境的方面来说，一个家庭都需要一定比例的储藏空间。从现代的家居空间设计的分析及趋势来看，合理地设置储存空间是一个很重要的问题。而从室内设计的角度来看，挖掘现有空间潜力，把那些被人们忽视的空间加以合理利用，同时对储藏空间进行合理设计，以提高空间使用效率就显得愈加重要。从图4.106中我们可以看出，家居空间中储藏的形式主要有壁柜、吊柜、步入式衣帽间等，储藏物的类型包括季节性物品、日常用品以及暂存物品。

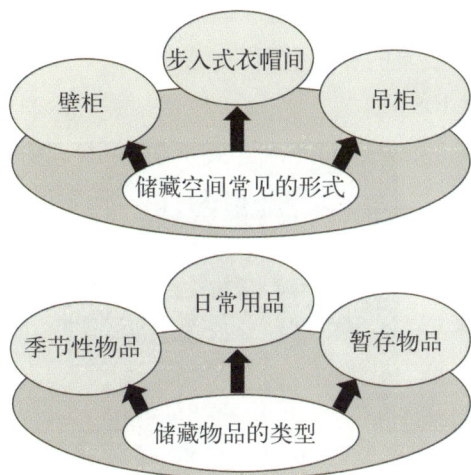

图4.106

4.10.2 储藏空间的设计要素

（1）储藏的地点、位置。储藏的地点和位置直接关系到被储存物品的使用是否便利，空间使用是否合理。比如书籍的储藏地点宜靠近经常阅读活动的沙发、床头、写字台，而且位置应使人能方便地拿取；化妆、清洁用品的储藏地点，宜靠近洗手台面、梳妆台面，并且令使用者能在洗脸和梳妆时方便地拿到；调味品的储藏地点则应靠近灶台及进行备餐活动的区域；衣物的储藏，特别是常用的衣物应靠近卧室（图4.107）。

图4.107

（2）储藏空间利用程度。利用程度即指储藏空间的使用效率，指任何一处储藏空间利用是否充分、物品的摆放是否合理。任何一个储藏空间其主体都是储藏的物件，因而空间应根据物件的形状、尺寸来决定物品存放的方式，以便节省空间。

比如鞋类的储藏空间的隔板应根据鞋的尺寸、形状来设计，以便更多地存放鞋，衣物的储藏应结合各类衣物的特点和尺寸来选择叠放、垂挂的方式，餐具的储存空间则应认真分析各类餐具的规格、尺寸、形状来决定摆放形式（图4.108）。

图4.108

（3）储藏的时间性。时间性有两方面的含义。首先是从对被储藏物品的使用周期的考虑，是季节性的，还是每周一次、永久性珍藏类、每日都用的，据此可以决定物品存放何处，这对物品的取放是否容易，有决定性的作用。其次，对于需要经常搬迁的家庭来说，储存空间要考虑暂时性，最好是能方便地拆除和搬动，故不宜固定嵌于空间围合体上；对于不经常搬家的家庭，只要考虑储存空间的永久性，如固定于墙面顶天立地的壁柜、走廊里的顶柜、厨房里的吊柜等。

（4）储藏的形式。储藏空间的样式千姿百态，但从类型上来分可以归纳为开敞式和密闭式两种（图4.109）。密闭的储存空间往往用来存放一些实用性较强而装饰性较差的东西；开敞式的储存空间则用来摆放那些具有较强装饰作用的物品。

图4.109

4.10.3 家居空间中各功能区域的储藏空间设计

1. 客厅的储藏空间

客厅是客人第一个接触的场所,会给客人留下一个直观的印象,也是主人的品位与家居空间形象的体现,所以客厅的储藏物品要尽量整齐、有条理。在储藏空间的设计上,可以选择有较好的收纳功能的家具,利用家具的腹腔来解决多重收纳的问题。比如,可以选择多功能的茶几,以方便收纳零碎的生活用品;可以选择多功能的电视柜,将电视机影碟机音响等设备集中放在客厅的一个立面上,也可以把隔板直接固定在墙面上且根据室内的整体风格做成开放式的客厅柜,以形成丰富的储藏空间,如图4.110所示。

图4.110

2. 餐厅中的储藏空间

对于餐厅储藏来说,要根据居室的整体风格来设计储物柜,其形式主要包括餐边柜和酒柜两种。设计储物柜之前应充分考虑使用者的使用要求,准确定位储物柜的尺度,以便合理的收纳物品,如图4.111所示。餐厅中的储藏空间还应该考虑展示功能,可以把隐藏于厨房餐柜中的精美餐具展示出来,不仅使用便捷,又能形成装饰品的视觉美感。

图4.111

3. 厨房中的储藏空间

厨房中的储藏空间主要是指橱柜及其配套设备（图4.112），按照储物的位置，可以分为顶部、中部和下部，其分别对应的储藏空间为吊柜、台面和地柜。吊柜较高，储藏的物品应尽量轻巧，一切以减轻吊柜承受的压力和保障取用物品的安全性为主。中部的台面应尽量减少物品的摆放，如无法避免，则应利用置物架和挂钩等，将物品挂于立面以便轻松取用。地柜可以根据存储的物品形状、大小等，设计相应的抽屉、柜子、拉篮等。

图4.112

4. 卧室中的储藏空间

卧室的储藏，首先要考虑是否能够有效地节省空间，一般可以采取壁橱的形式，通过隔板与吊杆来形成衣物所需的放置空间(图4.113)。部分较大的户型常常采用衣帽间与主卧和主卫相连接的布局方式，能够使卧室具有更强的储藏收纳功能。衣帽间的内部布局形式一般采取三种，分别是U型、L型和单墙布置。正方形的储藏间多采取U形的布置，长方形的储藏间常采取L型布置；相对狭长的储藏间常采取单墙布置。

图4.113

5. 书房中的储藏空间

书房中的储藏空间主要是书柜所形成的储物空间，在书柜的设计和选择上有开放型和封闭性两种，在保证收纳功能的同时，通常要考虑书柜的展示性（图4.114）。

图4.114

6. 卫生间的储藏空间

卫生间的开间和进深相对其他居室使用空间较小，为了节约空间，靠墙安置的储藏空间成为首要的选择（图4.115）。设计师可以根据卫生间的实际情况设置成封闭式或开放式的浴室柜。浴室柜在材质的选择上，要注意防水、防潮。

图4.115

4.10.4　家居空间中其他储藏空间的发掘

在家居空间中，有一些易被忽视的空间具备开发成储藏空间的潜力。通常可以将这些空间归纳为三种类型。

（1）可重叠利用而未加利用的空间。

（2）在布置家具设备时，形成的难以利用而闲置的角落。

（3）未被利用的家具空腹。

具体来说，有以下空间可以加以利用：①床底空间；②楼梯侧面（图4.116）；③楼梯踏步；④楼梯下方；⑤沙发坐面下方（图4.117）；⑥阳台（图4.118）。

图4.116

图4.117

图4.118

4.11 本章实训任务

实训任务1：各功能区域的设计实施与设计表现

实训任务书

项目名称	各功能区域的设计实施与设计表现	参考学时	40学时
实训地点	工作室或图书馆，视情况而定。		
任务目的	1. 合理规划设计时间； 2. 培养学生团队协作意识，发挥自身专业特长； 3. 体现团队特色； 4. 应掌握科学的设计步骤和程序； 5. 应知家居空间的装饰风格流派及其常用手法，能够在设计方案的过程中结合各功能区域的设计要点加以运用，充分体现设计理念； 6. 通过大量观看、搜集和临摹设计案例，拓展学生的设计眼界，培养其敏锐的观察力，捕捉设计潮流趋势，使设计方案更具创新性； 7. 通过设计实践提高综合设计能力。		
任务要求	1. 设计小组分工明确； 2. 收集的资料具有典型性、创新性和实用性； 3. 结合平面布置图，对具体空间进行深入的创意设计； 4. 设计方案具有创新性和实用性，空间造型、所用材料、结构构造、装饰工艺品、绿化等符合整体风格设计要求； 5. 熟练操作设计软件(Auto CAD、3ds MAX、VRAY、PHOTOSHOP等)将设计方案全面地展现在图面上，所绘图纸应包括：平面布置图、立面图、吊顶布置图、地面铺装图、动线分析图、透视效果图等。		
行动过程	1. 通过网络或书籍搜集至少三套家居空间室内设计的经典案例，掌握其设计精髓； 2. 构思具体功能空间的设计创意，确定装饰风格； 3. 对空间进行手绘平、立面、效果图的草图制作； 4. 结合手绘草图，进一步完成三维效果图的制作； 5. 与业主沟通交底，根据业主要求进行设计变更； 6. 再次与业主沟通，完善图纸； 7. 设计图纸符合要求后绘制施工图纸。		
考核标准	整个过程按学习情境评估表规定的项目评分。 依据考核要点，可将学生任务完成情况分为四类 1. 优秀：比例约占学生总数的20%； 2. 良好：比例约占学生总数的50%； 3. 及格：比例约占学生总数的20%； 4. 较差：比例约占学生总数的10%。		
材料准备	资料、尺、纸张、笔、电脑、网络、渲染软件等。		

实训任务2：设计方案的演示与汇报

实训任务书

项目名称	设计方案的演示与汇报	参考学时	6学时
实训地点	工作室。		
任务目的	1. 培养学生的团队协作能力； 2. 能对家居空间进行设计，并能分析讲解方案； 3. 锻炼学生的思维能力以及及时应对客户提问的能力； 4. 熟练掌握演示文稿的制作能力。		
任务要求	1. 将设计的效果图与施工图等文件进行演示文稿制作； 2. 将各自的设计通过演示文稿的形式进行现场汇报； 3. 汇报时要表述准确，思路清晰； 4. 对客户或指导教师提出的问题细致作答，思维敏捷。		
行动过程	1. 方案演示与汇报会议由指导教师组织进行； 2. 依照顺序各设计小组分别对各自方案进行演示汇报，阐述设计灵感与创意； 3. 业主、指导教师、其他设计小组针对汇报情况进行提问； 4. 本方案设计负责人进行作答； 5. 整理提出的问题，归档留底，以便完善方案； 6. 撰写方案汇报成果报告。		
考核标准	对分析汇报方案及提问作答给予评分。		
材料准备	设计说明、方案草图、效果图、必要施工图、演示文稿等。		

第5章 主题家居空间案例解析

5.1 案例一——小户型可变空间的塑造

1. 目基本信息

项目名称：Batipin 公寓

地址：意大利米兰

建筑面积：28.0m^2

项目年份：2015年

设计团队：Marcello Bondavalli, Nicola Brenna, Carlo Alberto Tagliabue

2. 具体设计解析

本项目是一个单身公寓家居空间改造项目，业主希望通过设计将这座面积只有28m^{2}的公寓进行改造，以加大其使用效率。

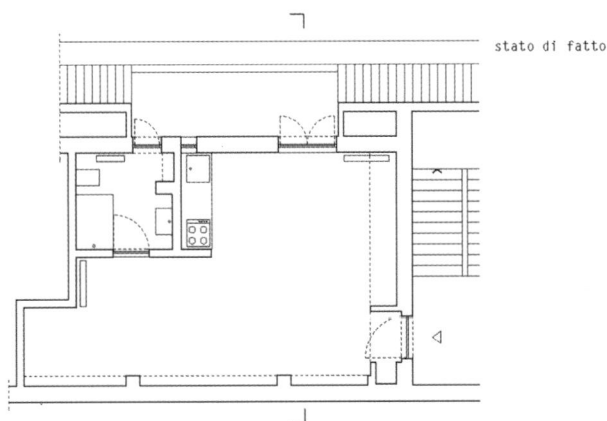

图5.1 改造前的平面示意图

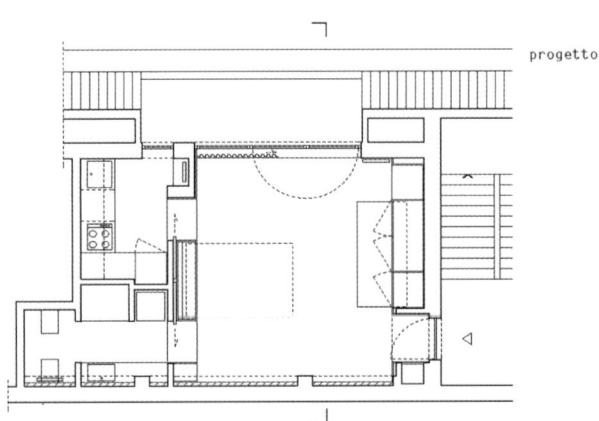

图5.2 改造后的平面示意图

对比改造前后的平面图，可以看出空间整体布局的变化。首先，设计师调整了功能空间的位置，把厨房和卫生间调整到了公寓的左侧，通过使用柜体和隐形移门对服务空间和生活空间进行了分隔，形成了各自独立的两个空间类型，并在保障使用功能的情况下尽量压缩服务空间以获得最大化的生活空间；其次，设计师在公寓入口的右侧墙面制作了靠墙柜，大大增强了收纳功能；此外，设计师拆除了通往阳台的墙体，并设计了宽大的落地窗，把室外景观引入室内，让室内空间尽量外延，

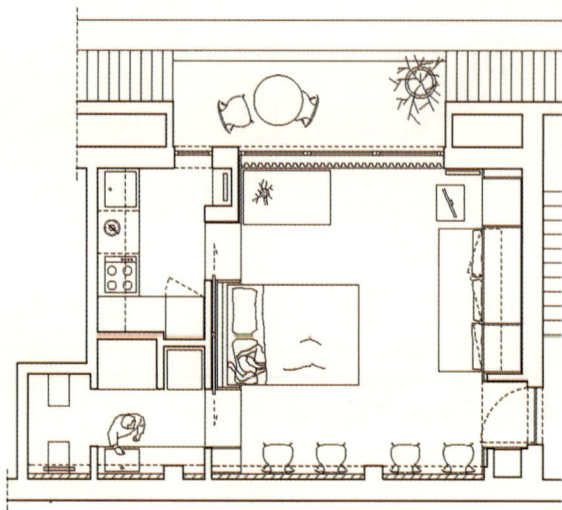

h. 8.30 am - wake up!

图5.3　上午8点刚起床时的平面布局示意图

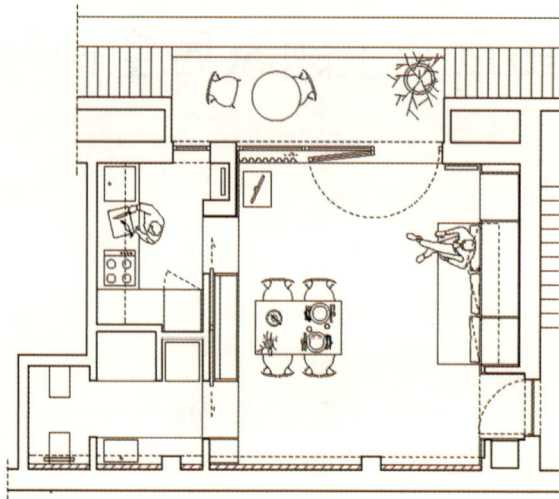

h. 12.30 am - lunch time

图5.4　上午12点吃午餐时的平面布局示意图

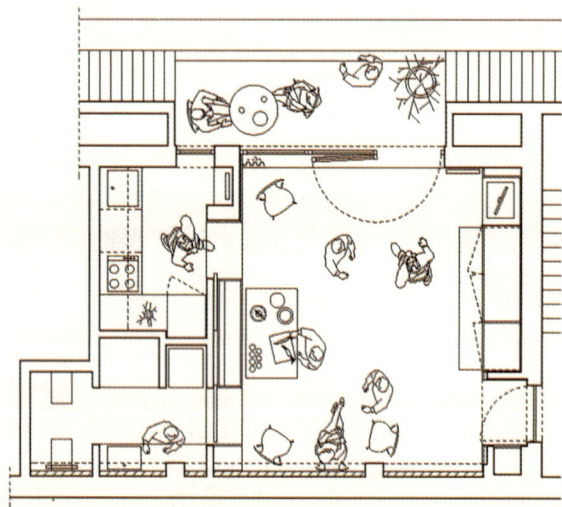

h. 10.30 pm - let's party!

图5.5　晚上10点聚会时的平面布局示意图

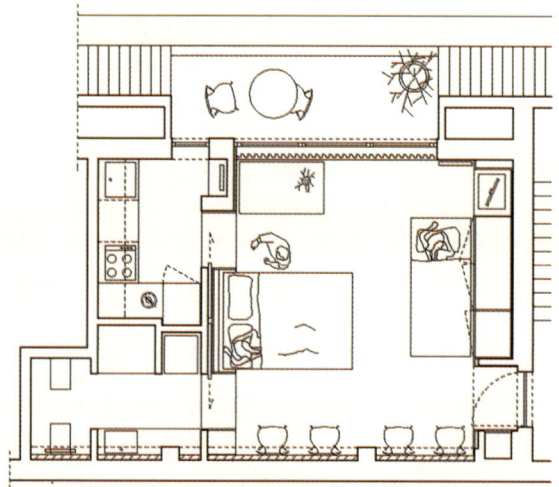

h. 2.30 am - sleeping time with guest

图5.6　晚上2点留客住宿时的平面布局示意图

从而获得更为开阔的空间心理感受。改造后空间最大的特色在于通过移门和可折叠、可移动家具的使用，获得了具有很大可变性的生活空间，可以根据不同的时段和功能需求改变空间的使用形态。

　　由于空间较小，故在空间界面的设计上尽量保持简单，以平、直为主，不做复杂造型。在材质的使用上，生活空间墙面大面积采用木质柜体和隔墙，为保持木材的天然纹理和色泽，顶面采用白色乳胶漆，地面则使用乳白色地板胶，从而保持室内颜色的统一和纯净，以获得更大的心理空间效果。服务空间由厨房和卫生间构成，两个空间都被设计成了色调简单的蓝色盒子，厨房和卫浴家具则是纯洁的白色，界面色彩与陈设色彩形成了鲜明的对比。空间中的灯具造型特色鲜明，绿色植物生机盎然，都给空间增色不少。

图5.7　上午8点刚起床时空间场景

图5.8　用餐前把床收起的空间场景

图5.9　作为客人床使用的可移动家具

图5.10　作为沙发使用的可移动家具

图5.11　床和餐桌都被收起时的空间场景

图5.12　宽大的落地窗

图5.13　厨房和卫生间

图5.14　通往服务空间的门洞

5.2 案例二——小户型垂直空间的整合与利用

（1）项目基本信息

项目名称：台湾22m²公寓

地址：台北

建筑面积：22.0m²

项目年份：2015年

设计团队：Szu-Min Wang

（2）具体设计解析

本项目是一个老单身公寓翻新的改造项目，本案的室内面积22m²，空间净空高度为3.3m。台北市的高房价，让那些年轻人负担得起的居住单元有越来越小的趋势。对一个不算宽敞却仍有机会可以满足生活所需的基本空间单元，设计师需要比分析一般案子更精准地分析业主的需求并做出适当的取舍。本案业主认同空间和功能同样重要的想法。对一个长时间居住的住宅，而非短暂提供居住的旅店居室（虽然本案比有些旅店居室要小），设计师认为，在满足主要生活功能后，应该尽量地保留空间，这对于居住者长期的居住感受十分重要。

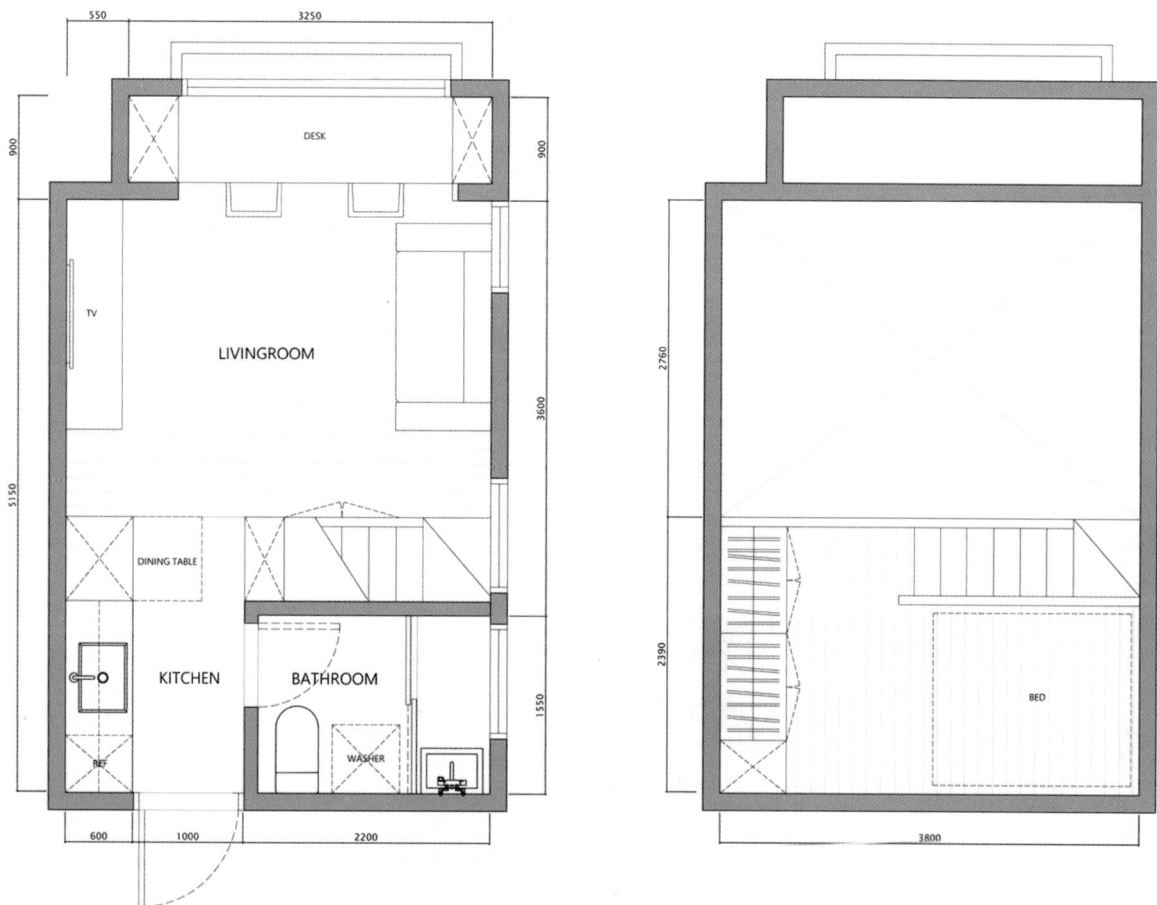

图5.15 公寓改造前的平面图

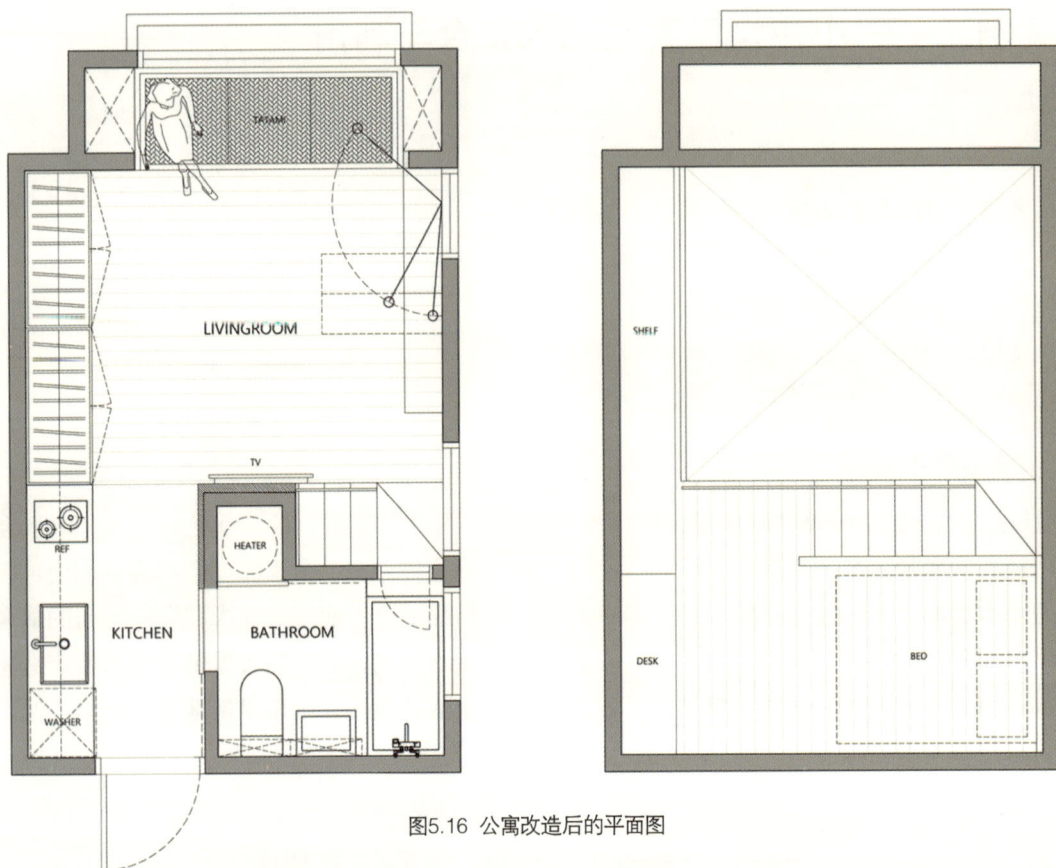

图5.16 公寓改造后的平面图

　　以本案为例，业主需要频繁地出国工作，每次结束一周的旅程回到家中，泡个舒服的热水澡并好好睡上一觉对她来说是回到家的重要仪式。除了简单而舒适的浴室，业主也希望能有可以做简单料理厨房，而收纳需求方面则以衣物和藏书为主。下层的空间需要有沙发并且要求可以在餐桌上用餐（在台北很多住小套房的居住者会将就在沙发和茶几上用餐）。此外，业主希望家中能尽可能保持空旷，让自己偶尔也可以在家做简单的运动。了解了业主的需求后，设计师决定一一克服空间上的限制，重新对现有空间的使用功能进行设计。

　　在本案中，设计师将原本的淋浴间改成浴缸，并把洗衣机移出和厨具结合，如图5.17所示。在台湾，没有阳台的住宅无法申请天然气，小型的瞬热式电热水器则不足以供应泡澡的热水，于是设计师调整了隔间，在楼梯下方的空间设置了储热式的电热水器，并做了一道拉门方便维修与使用剩下的收纳空间，拉门表面是玻璃镜子，视觉上可以放大浴室的空间，如图5.18所示。

图5.17 洗衣机与橱柜结合，巧妙利用了橱柜台面下方空间

图5.18 楼梯下方隔间表面带有镜子的拉门

　　而固定家具如厨具柜、衣柜、书架等尽可能整合在同一面墙，让空间不要产生走道。使用频率高的衣柜放在容易拿取的下层，使用频率低的物品放在上层书架，如图5.19所示。但上层书架靠夹层区域的物品，也可以很方便地从上层取用。夹层的高度无法让人站立，所以主要安排以睡姿和坐姿使用的功能，例如床铺与小书桌，如图5.20所示。

图5.19　收纳柜

图5.20　公寓改造后的平面图

　　窗边的卧榻及两侧的壁柜，除了充分利用窗边凹入的空间，也增加了许多收纳柜与抽屉，取代客厅的沙发，如图5.21所示。楼梯改用铁制扶手，增加视觉通透性。下方壁面则预留了电视的位置，同时有两个隐藏式鞋柜，如图5.22所示。另外，在客厅定制两个一样的边桌，可以是不占空间的工作桌，需要的时候也可以改变使用方式成为餐桌，如图5.23所示。因此，小客厅留下的空间可以因不同需要弹性使用，让整个公寓的空间不至于太过局促。

图5.21　床和餐桌都被收起时的空间场景

图5.22　铁质楼梯扶手与隐藏式鞋柜，充分利用了楼梯下方空间

图5.23　定制边桌既可以组合为餐桌又可以组合为书桌

图5.24　充分利用空间高度进行隔层，形成床的摆放位置

　　本案的采光条件良好，在色彩搭配上以白色和橡木色为主，让整体空间看起来更明亮宽敞。各种功能虽然依空间条件而互相组合，但在使用尺寸上没有妥协。在居住空间越来越小的台北，笔者希望本案的设计可以提供一种居住可能性，为拥有如本案的小空间居住者作参考。

5.3 案例三——两居室空间功能的协调

1. 项目基本信息

项目名称：Buttes Chaumont 公寓
地址：法国巴黎
建筑面积：73.0m^2
项目年份：2015年
设计团队：Glenn Medioni

2. 具体设计解析

本项目是设计师Glenn Medioni为一个单亲家庭重新设计的紧凑型公寓，供一对父子使用。公寓之前的空间结构如图5.25所示。设计师从使用者的家庭结构入手，主要做了两个方面的空间优化。其一，充分考虑到单亲家庭的特点，拆除了两

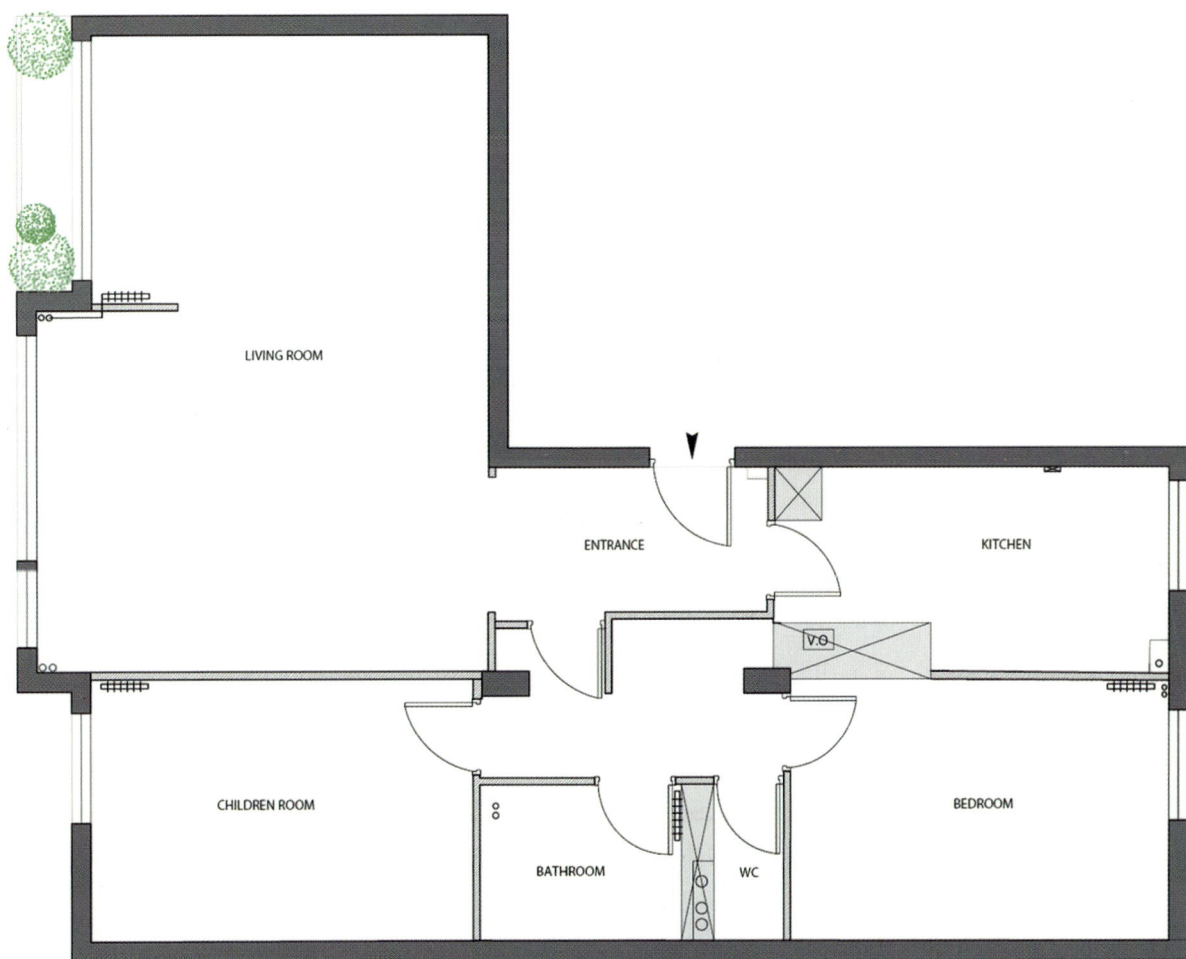

图5.25 公寓改造前的平面图

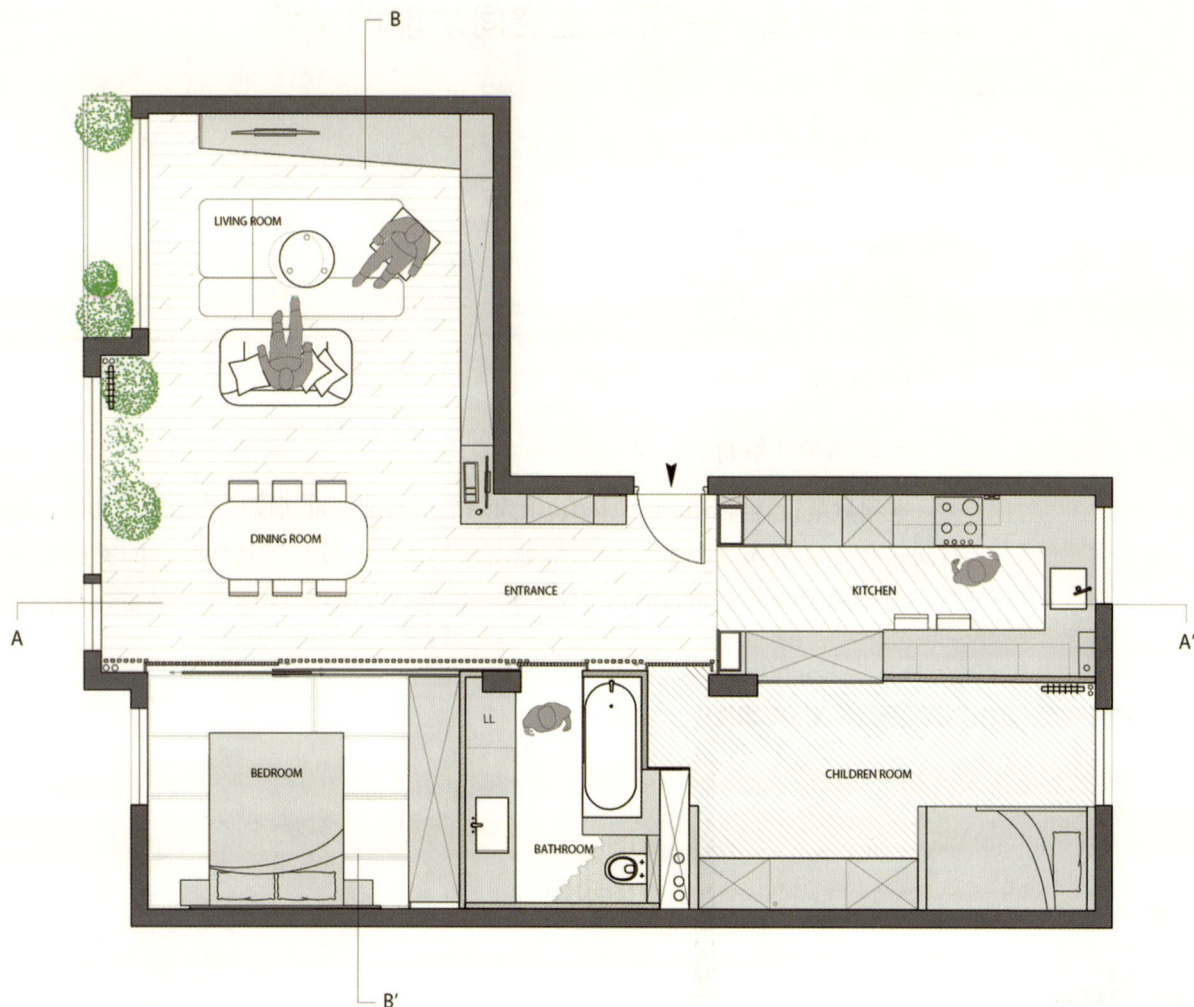

图5.26　公寓改造后的平面图

间卧室和卫生间的隔墙，而采用木质移门和隔断进行代替，尽量营造通透、方便沟通的开放空间。其二，把浴室和卫生间整合到了一个空间当中，既解决了原来这一区域空间过于零碎的问题，又增加了儿童房的空间面积，最终形成的空间布局如图5.26所示。

整体室内空间界面设计极为简洁，呈现出明显的现代简约风格。公共活动空间包括过道、客厅和餐厅，从入口过道开始，利用一个高转角柜整合了空间所需的设备，包括内部通信系统、放映机、办公、书架、电视等。客厅电视机背景墙采用灰色墙漆饰面，吊顶则是白色墙漆饰面，地面采用和木隔断颜色相近的木地板，与移门和隔断的颜色呼应。白色给人整洁、干净的空间感受，而黄色使空间变得更加动态。转角柜是空间中体量最大的家具，对它采用大面积的白色门板搭配饱和度较高的黄色内衬的配色手法，如图5.27、图5.28所示。

图5.27　造型和配色都有特色的转角柜

图5.28　转角柜设计细节

餐厅中餐桌椅造型简洁又不失精彩的设计细节，设计师采用原木与皮革结合的材料搭配方式，以灰、白和原木颜色进行组合，使餐厅呈现出简约、优雅的外观形态，并能很好地融入整个空间中。餐厅空间的照明采用了一组错落有致的几何造型吊灯，形成很好的节奏感，如图5.29所示。

图5.29　简约、优雅的餐厅家具

图5.30　父亲卧室

两个卧室采取了截然不同的配色手法。父亲卧室的配色以深色为主，显得成熟、稳重，如图5.30所示。儿童卧室中采用和转角柜一致的配色手法，同时在局部墙面增加了蓝色，形成了白、黄、蓝为主的配色方式，极力营造儿童房充满活力的空间氛围。同时，儿童房的家具具有多种功能，包括床、办公和大量储藏空间，集玩耍与学习为一体，对儿童来说更富有娱乐性，如图5.31所示。

图5.31　儿童房

公寓的服务空间包括厨房和卫生间，厨房空间紧凑，但收纳功能强大，配色以白色为主。卫生间精致、时尚，以黑白中性色的配为主，如图5.32、图5.33所示。

图5.32　厨房配色以白色为主

图5.33　卫生间

5.4 案例四——两居室空间特色功能区的营造

1. 项目基本信息

项目名称：家庭游乐场
地址：台湾高雄
建筑面积：138m^2
项目年份：2015年
设计团队：HAO Design

2. 具体设计解析

本项目是HAO Design设计团队为石先生的三口之家设计的家居空间，138m^{2}的空间，除了客、餐厅和厨房以外，布置为两个卧室、三个卫生间和一个家庭游乐区域。整体空间的平面布置如图5.34所示。

该项目设计的主题为：自然空间——一个有创造力的家庭游乐场。石先生和夫人对当代生活方式有过深入的思考，他们认为，如今人们有着忙碌的生活方式，与其他家庭成员一起度过的时间比以往任何时候都珍贵。他们最关心的问题是，在安排新家装修时，要有一种自然的、开放的感觉，这会给孩子的创造性活动提供灵感，同时使家庭成员之间更亲近一点。虽然大多数家庭住宅的布局有很大的客厅或休息室，但业主和室内设计师一起提出了一种替代方法。

图5.34 公寓的平面布置图

在设计过程的最初阶段，石先生和夫人希望把孩子的活动空间作为设计中主要考虑的因素，这样他们的孩子可以玩得愉快，并在一个宽松的环境中学习。父母虽然工作繁忙，但希望能让孩子有快乐的童年。经过广泛的讨论，创建一个"阅读和游戏空间"的想法逐渐形成。这个家庭是非常开明、自由和喜爱自然的。石先生和夫人喜欢园艺，也鼓励他们的女儿在幼儿园收集树枝、树叶和种子，并将其用来做工艺品，或根据季节装饰餐桌。

图5.35 公寓中的阅读和游戏空间

当你进入他们的家居空间，迎接游客的不是客厅，而是60m²的休闲娱乐区，如图5.35所示。一个光滑的实木桌作为主体。在这个创造性的空间中，石先生和夫人花了很多时间与他们的孩子一起做事情。他们"最爱"灯挂在天花板上结合照明和显示的功能，女儿创造的工艺品可以放在灯罩的内部进行展示。当进入房间时，右手侧的黑板墙作为一个信息板，为家庭提供信息，并为孩子们提供涂鸦的地方，石夫人还用黑板来记下食谱。室内设计为家庭提供了一个灵活的、互动的空间，如图5.36所示。带中心岛台的厨房是一个公共和私人空间的过渡区，精心设计的存储空间围绕中央岛四面，这很容易让石夫人储藏药草和香料、烹饪书等，她利用这些准备一个家庭需要的各种美味食物。"格子"的橱柜设计风格与书架的形状相匹配。由于中央岛台上方天花板比较高，设计师有效利用了黑色钢货架与"工业"的感觉，使得厨房区域成为关注的视觉焦点。这个架子也可用来保存植物，使绿化从阳台通过绿色色调橱柜，从阅读区延伸到厨房。厨房是让家庭成员享受美食的一个奇妙的地点，并提供了家庭幸福所需要的一切，如图5.37所示。

图5.36　入口处的黑板墙

图5.37　橱柜中心岛台

　　家里的滑动区是小女孩的特殊空间。移动滑块采用榫结构，可拆卸和重新组装，非常容易建造。这意味着当不需要滑动时，它可以被拆开、放好，从而增加阳台的可用空间。摆放在阳台上的盆栽植物使空间变得更加自然亲切。下班回家后，石先生就可以坐在秋千上看着夫人和女儿一起弹钢琴。滑梯的下方是一个榻榻米空间，方便父母和孩子在一起交流、玩耍。小孩可以通过一个小楼梯爬上滑梯，楼梯的侧面做成收纳空间，从侧面看与楼梯右侧的格子收纳柜形成一个完整的长方形，如图5.38至图5.40所示。

图5.38　滑动区

图5.39　夫妇俩在家庭游乐场与女儿游戏

客厅空间不是很大，形成15cm左右高度的地台。主要陈设为置物架和懒人沙发，给人一种非常休闲的感觉，如图5.41所示。主卧室和小孩房地面均为木地板材质，空间界面十分简洁，以白色为主，同时采用不同的色彩对床头背景墙进行装饰，营造出一种自然、宁静、温馨的空间氛围，如图5.42、图5.43所示。

图5.40　钢琴、滑梯、实木桌、阅读空间融为一体

图5.41　客厅区域也非常休闲

图5.42 主卧室

图5.43 小孩房

5.5 案例五——三居室空间的高效整合

1. 项目基本信息

项目名称：明亮之家

地址：　台湾高雄

建筑面积：110.0m^2

项目年份：　2017年

设计团队：HAO Design

2. 具体设计解析

本项目是一个三口之家的家居空间，使用者是一对新手爸妈和一个小孩。业主为新晋爸妈，开始思考着如何能为日常动线添加适合孩子发展的元素，丈夫更因为体贴太太总是花心力处理散落的宝宝用品，希望着重于空间中的收纳问题。几经讨论过后，业主决定抛弃旧有的房型及格局，重新构思空间结构，如图5.44所示。

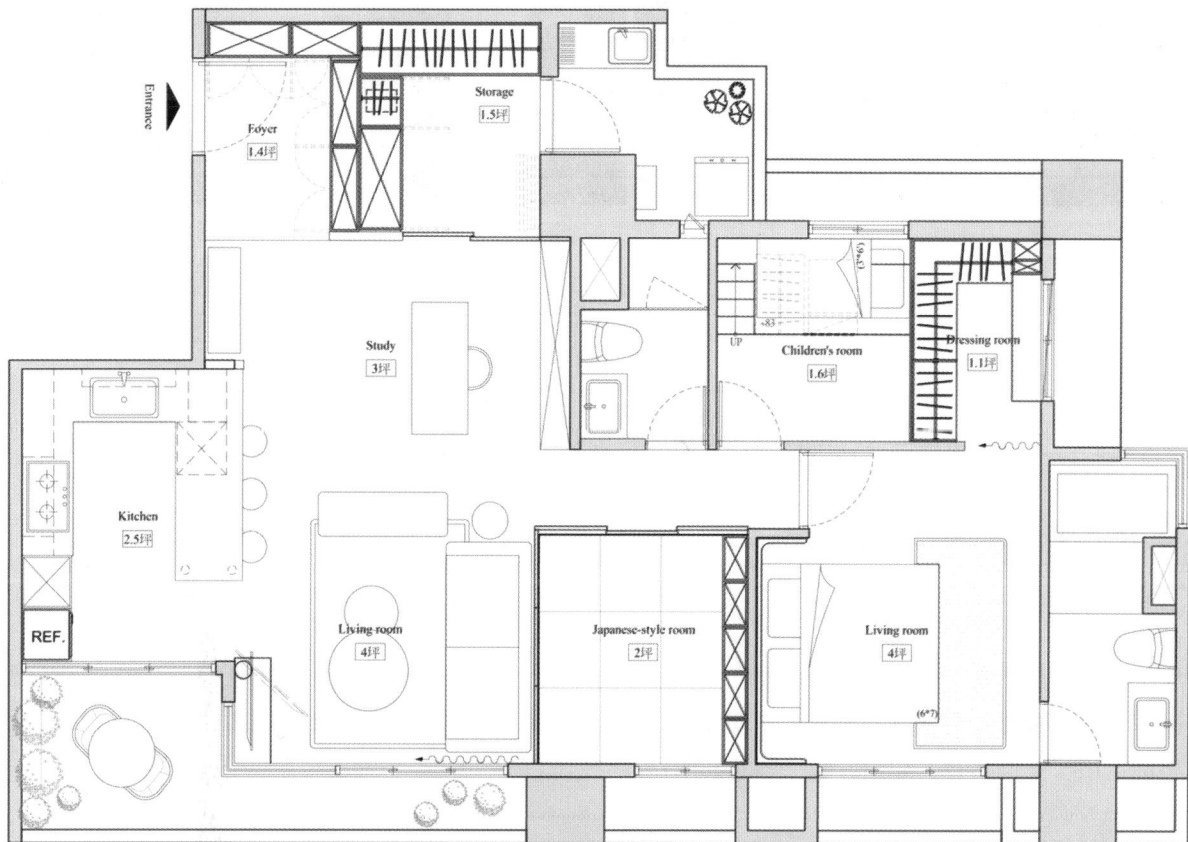

图5.44　空间平面布置图

该设计希望抹去过往对亲子生活既有的印象，证明有了孩子的空间，一样能充分展现独有的品位与风格。该设计在工业风格的基调里融合古典风格的优雅，同时也依据彼此生活习惯深入规划，让设计美学与空间动线交互作用、极致发挥。

图5.45 玄关柜、滑门与储藏空间

考虑到一家人的生活习惯，设计师在入口处特别是玄关的藏柜中添加高度不一的层板以及便于悬挂物品的孔洞，并将一旁原有的厨房改建成小型储藏空间，打造专属的妈妈平台。同时加入双向动线，以滑门设计让玄关与平台互动更便利，如图5.45所示。

原本封闭式的厨房则"移动"到阳台旁，宽阔的中岛设计让女主人拥有更大的料理空间，又能于备料时关注孩子的动向，如图5.46所示。阳台处更以一整面落地窗网罗阳光，窗外一片绿意蔓延成墙，父子两人亲自栽种、照料蔬果的景象也为日常生活增添了一份幸福，如图5.47、图5.48所示。

图5.46　开放式厨房

图5.47　阳台的落地窗与绿植

图5.48　小孩与绿植、果蔬

　　理想的家，并不单只是为孩子创造安全舒适的成长环境，更要保留自我对美感、品味与生活的追求。秉持着这样的念想，男主人仅以Districteight的书架与Boconcept的Cupertino极简系列书桌作为要素，将书房的概念开放化。低调的木纹搭配金属，展现了男主人对于工业风的偏爱，同时巧妙地使用公共空间所采用的人字帖木地板，与典雅的古典气息相辅相成，如图5.49所示。

　　木纹延伸至客厅，一只Roche Bobois 皮革沙发与 Sigurd Ressell 的海鸥椅率先映入眼帘，让开放式区域不失单一主体性。沙发后方以拉门隔起小书房，特别设计无毒合成皮软垫架于木板上，作为小朋友学习爬行的空间，等孩子长大了，便能够将软垫收起，变成孩子的阅读室，如图5.50所示。

图5.49　书房

图5.50　客厅与小书房

　　穿过主空间来到主卧室，整体风格以沉静为主、通过层次不一的蓝色作为古典风的延续，如图 5.51、图5.52所示。

图5.51　主卧室睡眠区

图5.52　主卧室衣帽间

儿童房的设计别具巧思，为孩子打造了一扇专属的门。如图5.53所示，既充满童趣又充分与其他空间形成一体性，房间里明亮的基调与特殊的黑板漆料，则赋予孩子创作与发挥的空间。

图5.53 为小孩打造的专属门

选用的双层床组以建立收纳习惯为出发点，设计出能够符合孩子高度的柜子与把手，培养孩子独立收拾玩具、整理衣物的好习惯。床组上方一盏 Seletti 的 Monkey Lamp 更是为属猴的小儿子特别挑选。透过格局规划与家具选物可以发现每一个环节都饱含一家人对彼此的心意，很多细节蕴藏着过去生活的足迹，同时也将一点一滴融入未来。

图5.54 小孩房

5.6 案例六 —— 三房两厅变一房一厅

1. 项目基本信息

项目名称：上海古龙路"梦想改造家"

地址：中国上海

建筑面积：121.0m²

项目年份：2017年

设计团队：闵而尼、俞挺

2. 具体设计解析

本项目是中国家装设计改造节目《梦想改造家》中的一期。为了让父母和孩子一起成长，设计师决定把三房两厅（图5.55）变成一房一厅（图5.56），来打造一个共享开放的家。

图5.55 空间原始结构示意图（三房两厅）

图5.56 空间改造后的结构示意图（一房一厅）

　　节目播出之后引起了中国国内巨大的反响和议论，人们开始反思关于户型的问题。户型是中国城市化成熟过程中最值得声讨的隐形杀手。三房两厅是最为常见的户型，也是一个稳定的核心家庭往往自认为的终极置业目标。我们的家庭生活原本多姿多彩，可我国的房地产开发模式把一个个多姿多彩的家庭强行固化在了一套套三房两厅里。

　　为了最大限度地使光洒入这个自由的家里，设计师将窗换为整扇无分隔的窗。没有了窗棂的阻挡，外面世界得以完整地呈现在眼前。在中岛、沙发、童屋（床和滑滑梯的组合设计）的分隔下，打掉隔墙形成自由流动的空间，自然形成三个社交区域，一家三口各取所需，而又分享同一个世界。两个卫生间是弧线形的。主卫生间是弧形电容玻璃，开启之后，透明就变成不透明，不用担心隐私问题，而且户外的光线依然可以倾泻到室内。所有的柜子都沿着墙布置，柜门全部是磨砂玻璃。把北阳台打造成工作阳台，极大限度地引入光线和景色；台面的设计让家务不至于看上去是在阴暗空间的苦役。

Entrance

图5.57 改造后的平面布局

图5.58 立面示意图一

图5.59　立面示意图二

图5.60　具有坡屋顶造型特征的童屋

图5.61　餐厨中岛台

图5.62　沙发茶几组合

图5.63 带电容弧形玻璃隔墙的卫生间

除了独立卫生间里耀眼的橘色，其他所有色彩变化包括墙绘都统一在珍珠白中。家具为浅灰色，而糖果色的饰品作为视觉的点缀。设计师在走廊设计了一幅表现山林的墙绘，入户门便隐藏在里面。

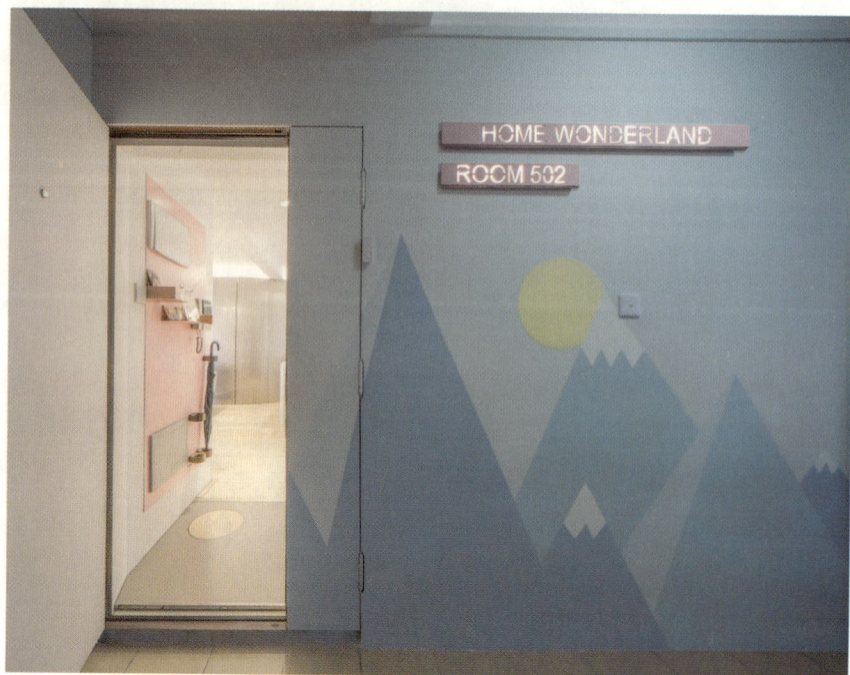

图5.64 走廊上的山林墙绘

图5.65 主人房的床和梳妆台

图5.66 儿童休息和游乐区域

设计师在空间中利用简单的材料比如玻璃、木材、瓷砖、织物、石材、绿化和不锈钢本身的质感来表达空间的特质。而考虑到孩子的安全问题，所有墙角都磨成了圆角。同时，智能化家居的大量使用，一切电器都可遥控控制，更为这个家添一分科技感。

图5.67 从沙发区域看向阳台区域

图5.68 卫生间和厨房

从坡屋顶建筑中提炼出来的五边形（长方形+三角形）成为母题，象征现实主义的建筑在戏剧化超现实主义空间中被反复使用。

整个新居就是个象征主义文本，例如之中的城堡、山林、天空、帷幕、哈哈镜或者是太空舱（弧形不锈钢）、拼图（卫生间的瓷砖花纹）、舞台、帐篷、绿化墙。

俞挺夫妇的这个设计给日渐平庸的家居设计创造了一个新的天地，使我们开始思考家庭生活是否注定要陷入别人强加的平庸阴影中。

5.7 案例七——大平层家居空间功能与艺术性的平衡

1. 项目基本信息

项目名称：成都华润金悦湾二期H户型样板间

地址：　成都市青羊区清波路77号

建筑面积：216m^2

项目年份：2016年

设计团队：李剪梅

2. 具体设计解析

本项目崇尚自然与人文的结合，在空间中穿插大自然的动物和植物以增加灵动性，它全方位地展现着一种充满文化气息的高品质休闲生活方式。以冰川灰和灰褐色为主色调，局部点缀海洋蓝，这样和谐的色彩组合，再与背景墙上的飞鸟装饰壁挂配合，赋予居室一种动静相得益彰的氛围。整体家具款式沉稳而简单，圆润的家具柔化了方形建筑的硬朗，又契合东方的文化传统。

客厅选用Jan Maarten Voskuil的立体感极强的挂画，与家具的弧度相呼应，成为视觉的焦点，也让家具造型的现代感更为凸显。灯具、家具及饰品均采用无指纹拉丝香槟金做点缀，与哑光胡桃木饰面产生碰撞，将低奢进行到极致。饰品的选择打破了传统习惯，符合国际潮流搭配，不拘一格。餐厅背景墙与客厅的飞鸟装饰壁挂遥相呼应，浅色的皮质餐椅配以木纹餐桌，再装点上充满野趣的绿植装饰，既自然和谐却又不失高贵。书房以胡桃木纹格栅作为书架的装饰，搭配设计线条简约的书桌以及现代气息强烈的装饰挂画，东西方元素和谐共融。主卧贯彻了整体的设计风格，以灰色为主基调，舒适的灰蓝沙发椅、胡桃木纹家具、无指纹拉丝香槟金灯具使整体效果在低调奢华中又带有自然温馨的气息。男孩房设计线条干练简洁，以蜘蛛侠为主题的装饰品随处可见，为沉稳的空间增添了趣味。

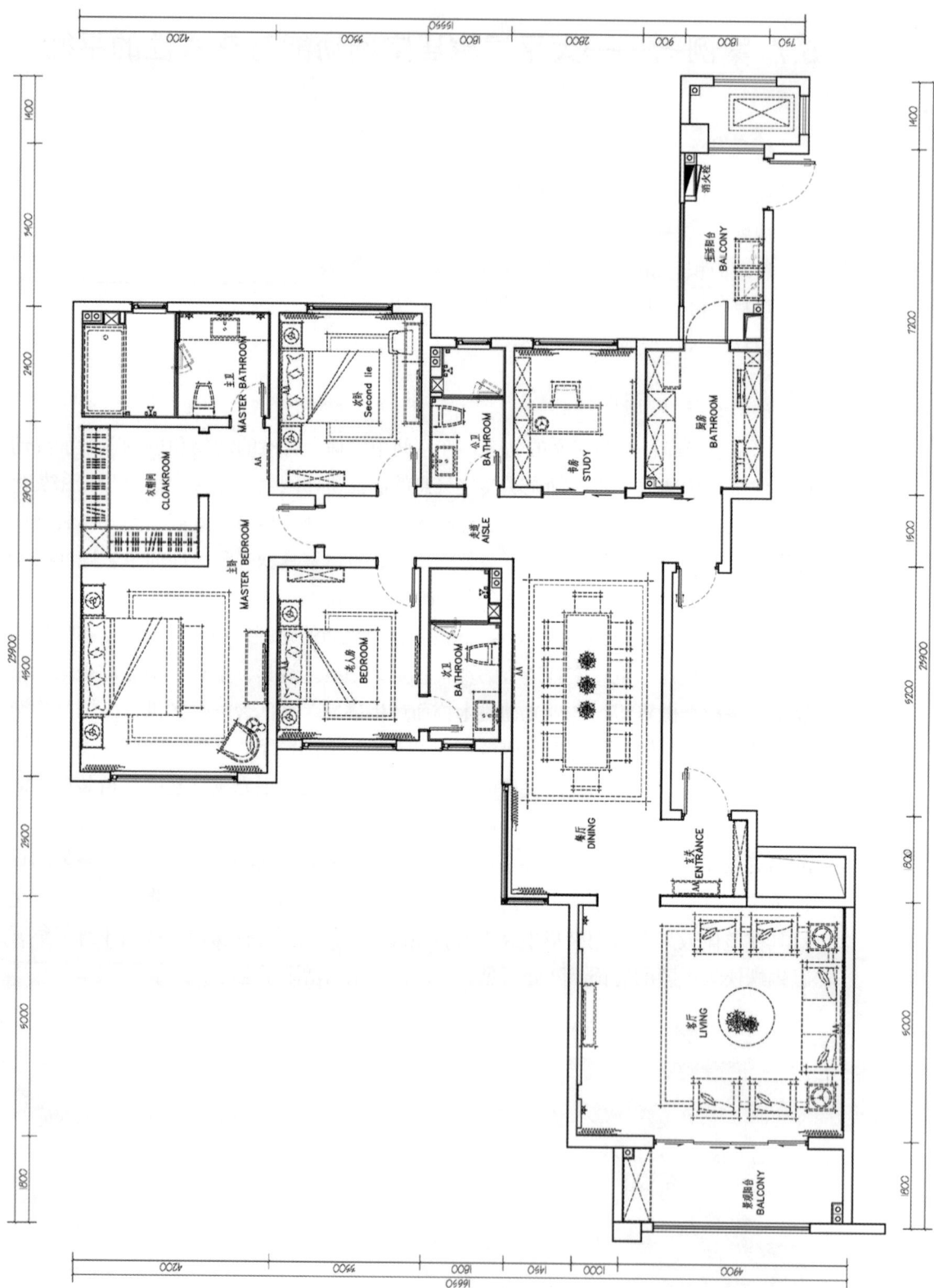

图5.69 平面布置图

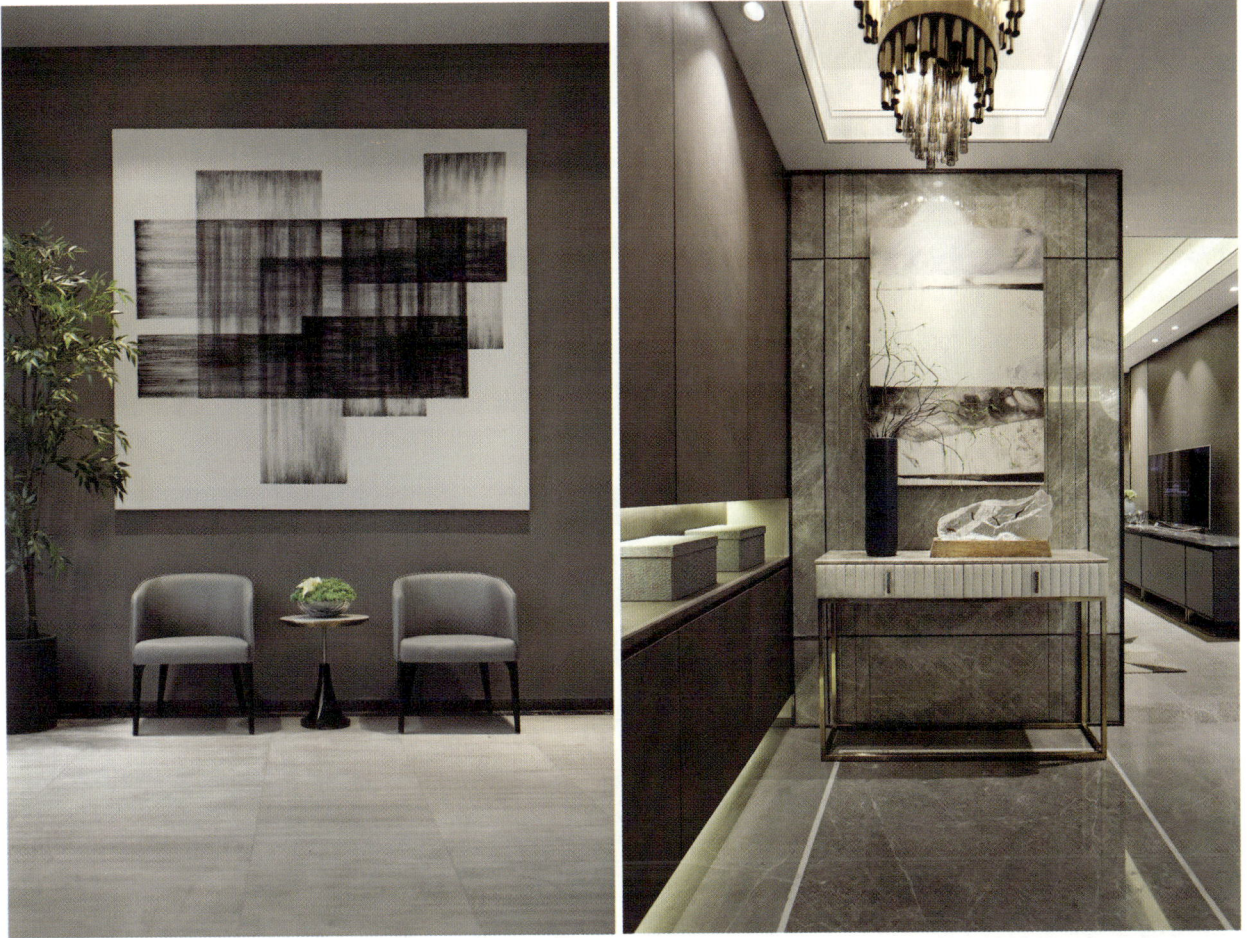

图5.70 玄关与入口

图5.71 客厅

图5.72 客厅电视背景墙

图5.73 餐厅

图5.74 厨房

图5.75 主卧

图5.76 主卧卫生间

图5.77　客卧

图5.78　老人房

图5.79　书房

5.8 案例八——多居室空间艺术氛围的塑造

1. 项目基本信息

项目名称：京城幻想曲
地址：中国背景
建筑面积：1500m^2
项目年份：2015年
设计团队：Thomas Dariel

2. 具体设计解析

本项目是一座1500m^{2}的私人住宅，坐落于北京繁华的三里屯地区。整个室内布局充分满足居者需求，既有一楼公共空间又有二楼私密空间。设计风格风趣、奇特而又不失优雅、精致。明亮强烈的色彩、装饰性的表面纹饰、不对称的线形和形状在带来奇特而有趣的氛围的同时，也透露着设计师Thomas Dariel在向后现代主义致以的崇高敬意。

入口处的设计给人以惊艳的现代感。如图5.80所示，整个空间犹如时光隧道，黑白交替的几何图形层层延伸，由此造成的透视给人带来奇妙、意味深长的心理感

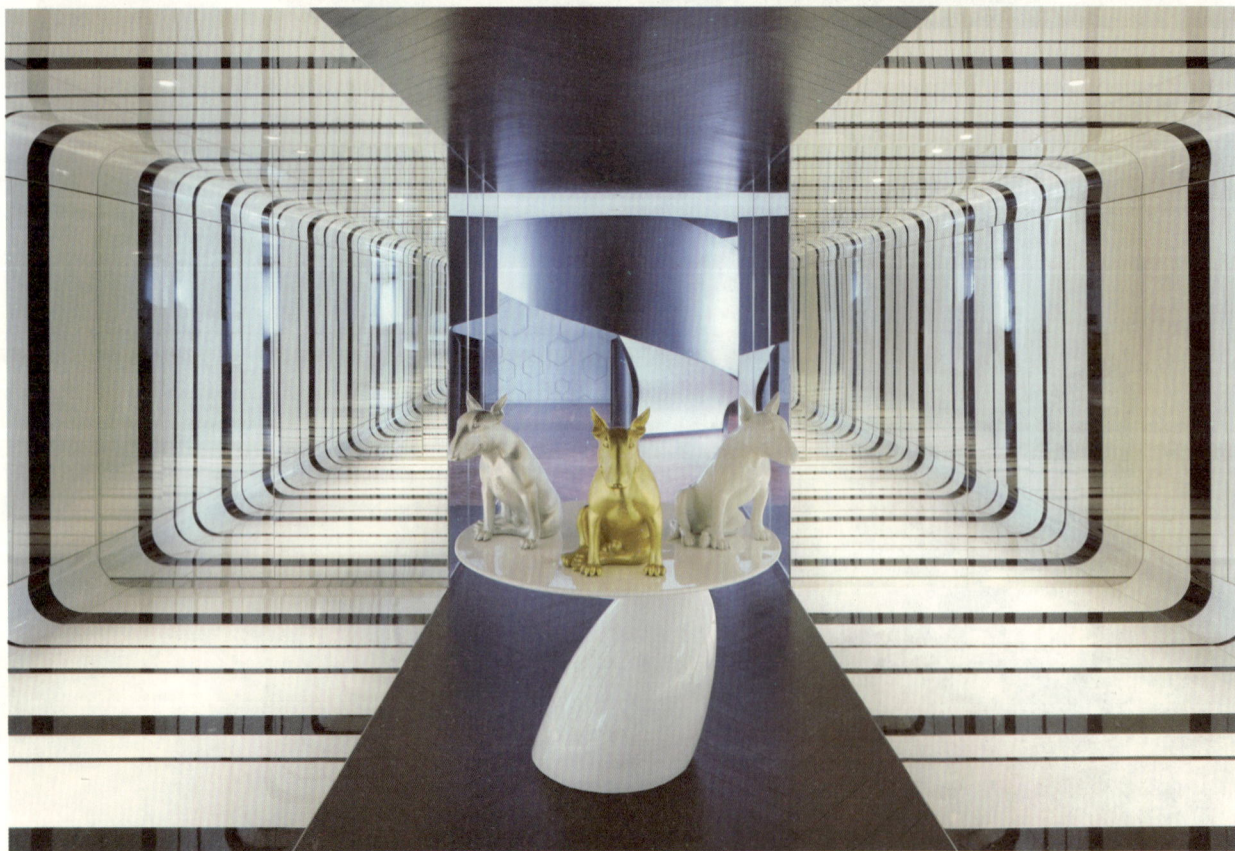

图5.80 入口处

受。入口处摆放的是由艺术家Aurele带来的"Lost dogs"作品，与黑白条纹所营造出来的现代感相得益彰。现代简约的空间中透着一股灵气，产生犹如置身某个艺术展的错觉。

　　客厅区域展现了很好的开放性与空间感。如图5.81、图5.82所示，一楼是一个巨大的开放式区域，没有任何隔断，没有保留墙体。设计师Thomas Dariel运用不同的纹理、材质、颜色、线型和造型来区分不同的空间，仿佛在让每个空间诉说不同的故事。超大挑空的客厅空间，由纺锤形的承重柱支撑二楼的结构，以及可以反射一、二楼的镜面包裹的横梁，让人很难知道空间的连接处。由于入口处的天花板太低，设计师就运用了视错手法带来了同样的空间感。糖果色儿童椅、铅笔型桌腿和字母镂空墙互相映衬，明亮的色彩、可爱的造型，让整个空间呈现出一派风趣、欢快的景象。客厅的落地灯极具艺术感。大珠小珠错落排列而成的灯柱，让落地灯有了独特的韵味。明灯之后的客厅，更显通透与温润。

图5.81　客厅区域一

　　如图5.83所示，置于简约的钟形地毯上的外白内蓝的太空椅更显可爱与舒适。蓝色气泡的墙面，避免了休闲厅的单调与乏味，显示了简单随意的气氛。在休闲厅小憩之时陷入无限遐思，想必也是一种乐趣。

　　对于设计师来说，色彩是表达情绪的最好媒介。书房采用明快、风趣、彩度高的明亮色调，流露出童心的单纯与活泼。同时，几何空间将艺术感体现得淋漓尽致，通透塑料椅与糖果色的撞击显示了完美的空间通透感，书柜的立面构成是在向蒙特里

图5.82 客厅区域二

图5.83 休闲厅

安致敬，搭配伊姆斯设计的胶合板小象坐凳，让书房也充满时尚感，如图5.84所示。

图5.84 书房

精致的空间设计不放过任何一个可供表现的细节，这套京城幻想曲北京公寓在门的设计上凸显了设计师大胆创新的艺术敏锐力。与墙面融为一体的门框处理，让人犹如置身于童话乐园。色彩、线条与平面共同创造了一个别具一格的室内空间，如图5.85所示。

走进卧室一，首先映入眼帘的是从天花板一直延伸至床头墙的大片蓝色，纯净的背景衬托出简约大气的氛围。床上半蓝半米色的拼接，避免了整块蓝色造成的拥堵感，恰如其分地呼应着空间的主色调。橘红色桌椅与装饰，为稍显冰冷的卧室增加了温度，平添了些许的温馨与感动。挑高、夸张的落地灯为空间增添了现代时尚感，小巧的床头灯如"小荷才露尖尖角"，给人清新、可爱的印象。憨态可掬的坐墩、动物图案的壁纸让卧室趣味横生，亦是这间卧室的惊喜所在，如图5.86所示。

走进卧室二，黄与橙的组合让波普风格的衣柜有了温度，给人轻松与活泼之感。古色古香的木床，给人踏实稳重之感。极具形式感的床柱，更加彰显了卧室的大空间与稳重气场。秋日阳光般的地毯，让心灵有了归属感。私人定制的家具、柜子是居者品位与态度的外在体现。卧室沙发的四脚和圆凳的三脚独特而精致，给人

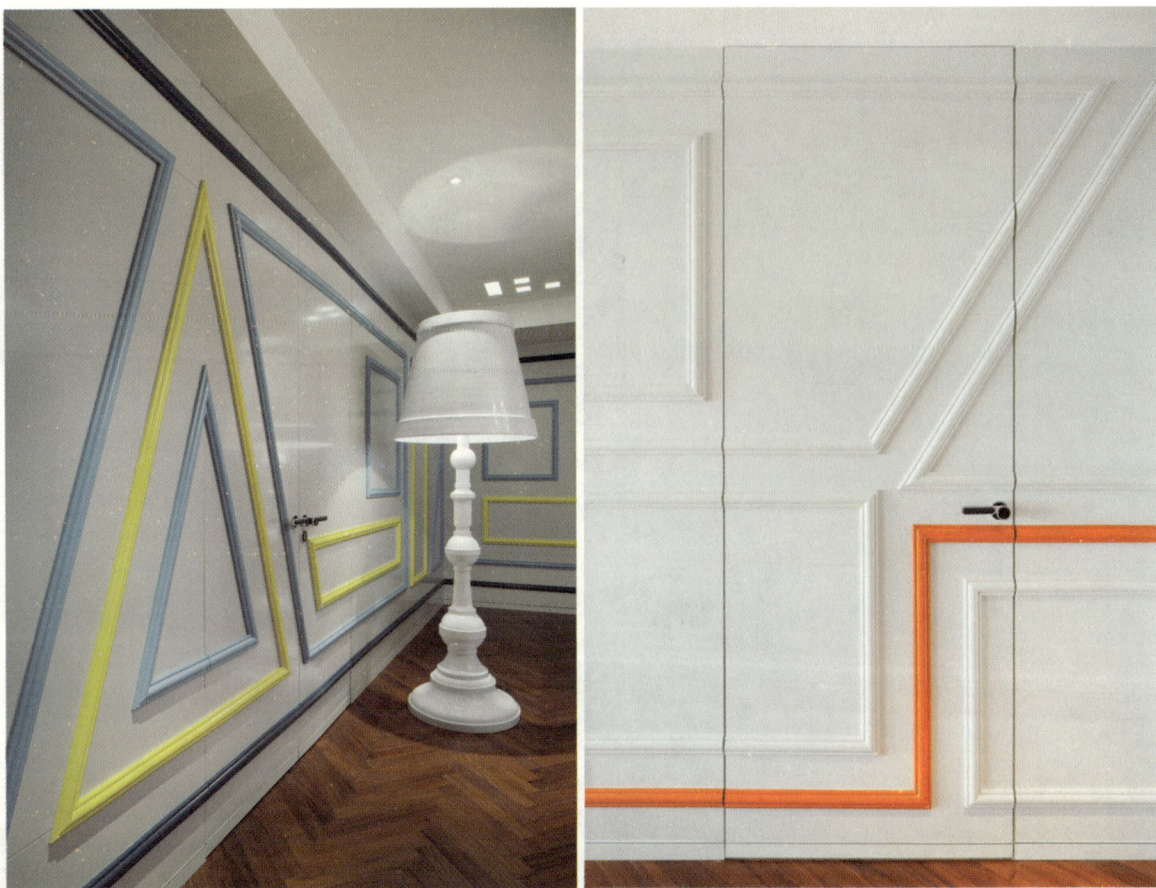

图5.85 门

图5.86 卧室一

一种活泼、轻快但又不张扬的感受，整个空间的设计是优雅而精致的。如图5.87所示。

内置于卧室的卫浴空间采用木质的双门，在提供便利的同时也创造了更隐私的空间。双门开合的设计让卫浴空间看起来像是一件艺术装饰品，十分自然地与整个卧室融为一体，如图5.88所示。

图5.87 卧室二

图5.88 卧室卫生间

　　卫浴间的地板和墙面都采用一致的六边形图案装饰，随意的白蓝黄色彩组合洋溢着轻松却不凌乱的气息。整个空间纯净而活泼，让人纵享舒适。卫浴间的镜子和浴缸都充分运用了曲线这一元素。流畅的弧线极具设计感，与地面的几何图形形成平衡，再加上对墙面等细节的精致处理，整个空间展示出一种低调的华丽，如图5.89、图5.90所示。

　　以黑白色为主色调的卫浴空间，搭配卫浴空间独有的镜面、釉面等光滑材质，增添了空间的现代时尚感。黑白坐墩线条简洁但不显平庸，与地面几何图案一起呼应着现代时尚的主题，如图5.91所示。

图5.89　卫生间一

图5.90　卫生间一

图5.91　卫生间一

5.9 案例九——独立住宅空间设计

1. 项目基本信息

项目名称：一个白色房子，一个生长的家

地址：中国上海

建筑面积：240.0m²

项目年份：2017年

设计团队：刘恺

2. 具体设计解析

在上海一个普通旧里弄之中，RIGI睿集设计的刘恺设计了这个三层的白色住宅，如图5.92所示。上海有很多类似的老房，这并不是一个拔地而起的新建筑，它位于一个在自然的状态下形成的街区，这些房子承载了上海的记忆。

图5.92 建筑外观

原始建筑于1947年竣工，由三层组成。面宽5.5m，深度约15.2m。南北朝向，南北各有入口，由于内部复杂隔间很多，深度也很深，整体室内的采光较差。由于建筑修建时间较早，建筑局部构造可能有修复结构的需求，因此设计师为建筑整体做了加固设计，并统一了整个建筑的层高，将原来位于北侧的楼梯全部拆除，将天窗和楼梯设置为建筑的中心，重新塑造了整个三层建筑的形态。将钢板楼梯穿孔之后，可以起到透光的作用，楼梯围绕自然光天井自一楼起循序向上，让整个家都围绕着天光垂直延展。

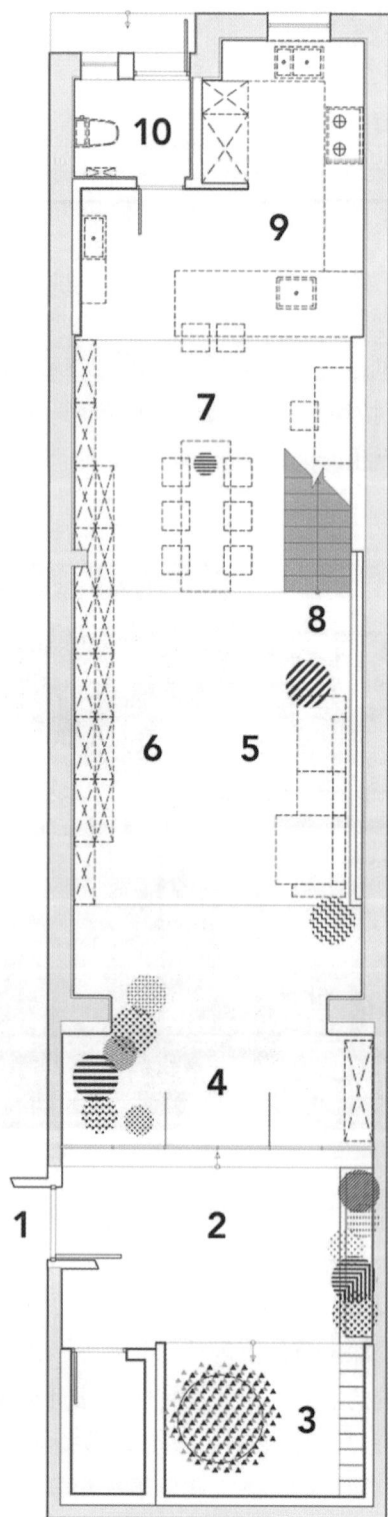

1F PLAN

1. Entrance
2. Courtyard
3. Tree house
4. Conservatory
5. Living room
6. Life board
7. Dinning
8. Stair
9. Kitchen
10. Bathroom

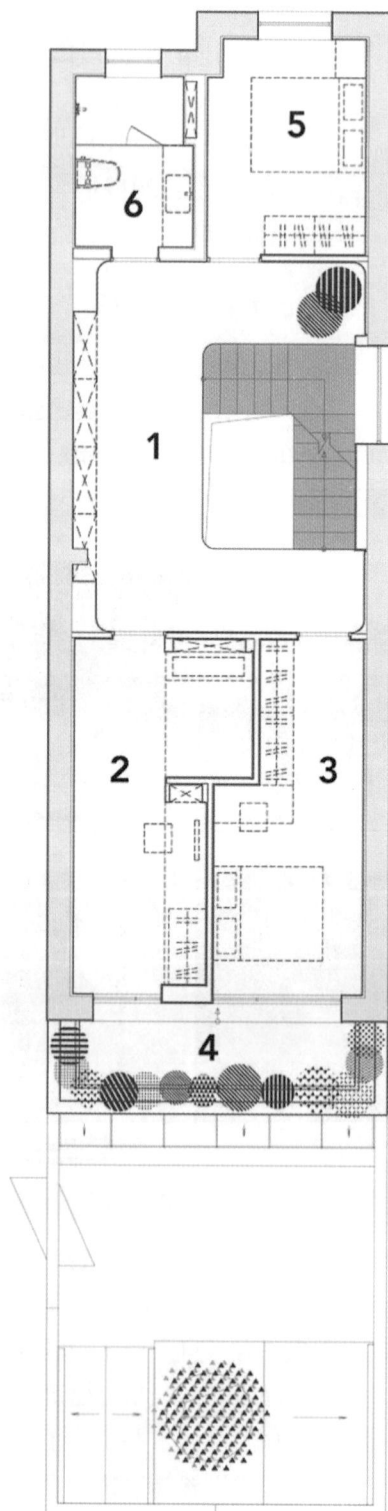

2F PLAN

1. Hallway
2. Children
3. Parents
4. Balcony
5. Guest
6. Bathroom

图5.93 一、二楼平面图

3F PLAN

—

1. Main bedroom
2. Coatroom
3. Main bathroom
4. Balcony
5. Conservatory
6. Study
7. Storage

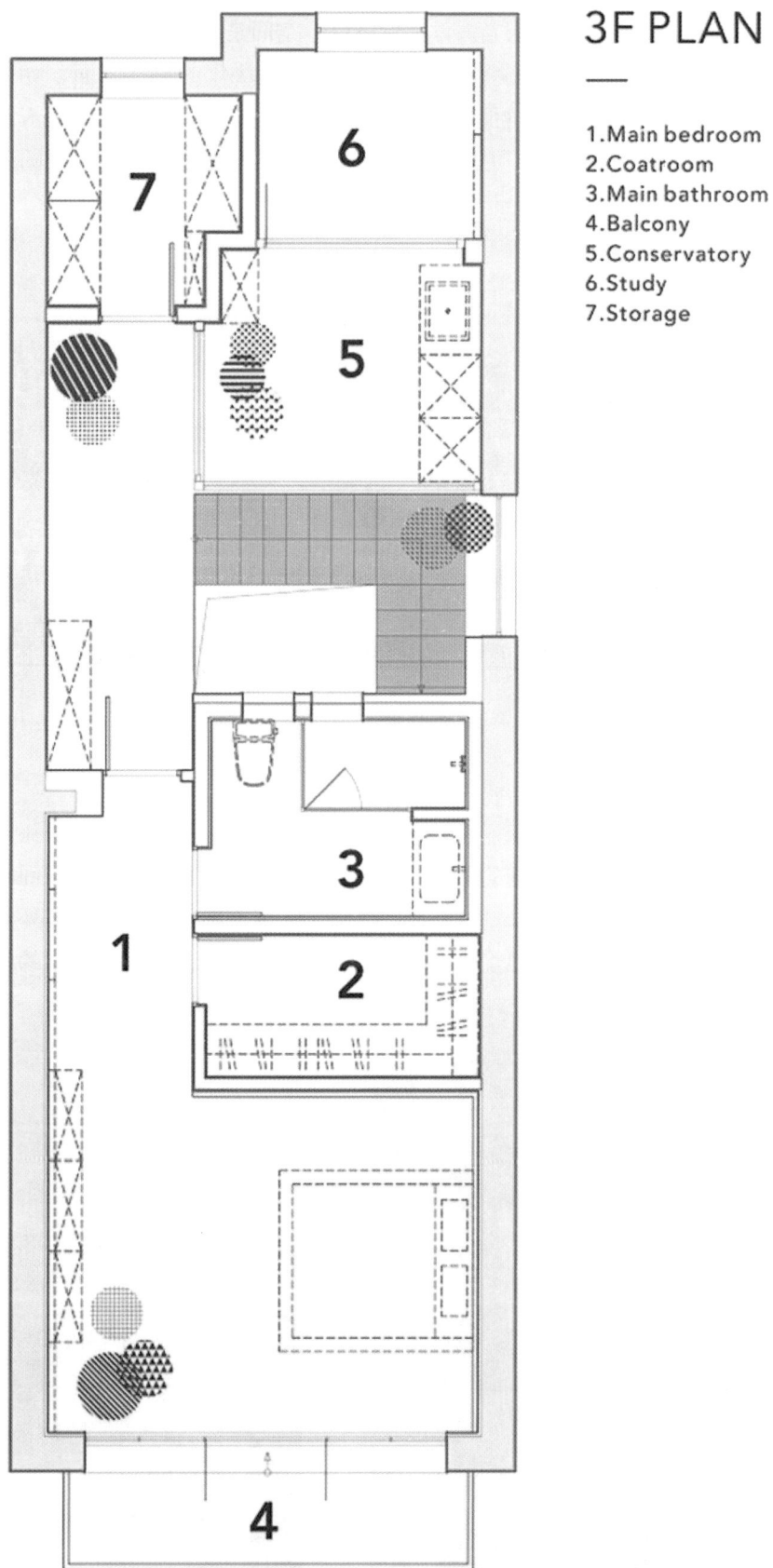

图5.94　三楼平面图

 　 阳光房、客厅、餐厅、厨房在一楼，形成一个完整空间，这是一家人在一起交流最多的空间，不管是父母孩子还是老人，都希望这个空间是属于生活之中的每一个场景，而不是被功能所定义的。设计师设计的一整面模块化的家具墙面，如图5.95所示，我们叫它Life board。这面墙搭配可随意装配组合的配件，随着主人的生活慢慢地变化，在这个意义上我们更希望这些设计未来的形式是通过每一天的生活形成的。

图5.95　一楼模块化的家具墙面

 　 设计师在一楼的设计中延展了半开放的区域，模糊了室内外的界限。原来孤立的院落和三层空间，在改造后有了新的对话关系，半户外阳光空间，为客厅空间增加了足够温暖的气息。阳光，植物，室内，室外，模糊的场景界限让人在室外空间和生活场景中随意切换。设计师在院子中预留了一个树洞，春天的时候种上的树木，随着这个家，随着孩子一起成长，时间也是设计的一部分，如图5.96所示。

图5.96　院子中预留的一个树洞

图5.97　一楼的客厅与餐厅

图5.98　设计完成后建筑内部空间轴测图

图5.99　打开局部屋顶并创造大面积天窗，为室内中段引入自然光

图5.100　一楼门厅入口

图5.101　一楼入口的绿色植物

图5.102　一楼餐厅和厨房空间

图5.103 一楼楼梯下方空间

图5.104 一楼洗手台

在设计二楼时，将门和储藏空间隐藏在墙面中，创造了一个干净且完整的区域，有小孩房、老人房、客房和洗手间，在阳光充足的时候，这是一个很温暖的家的空间。

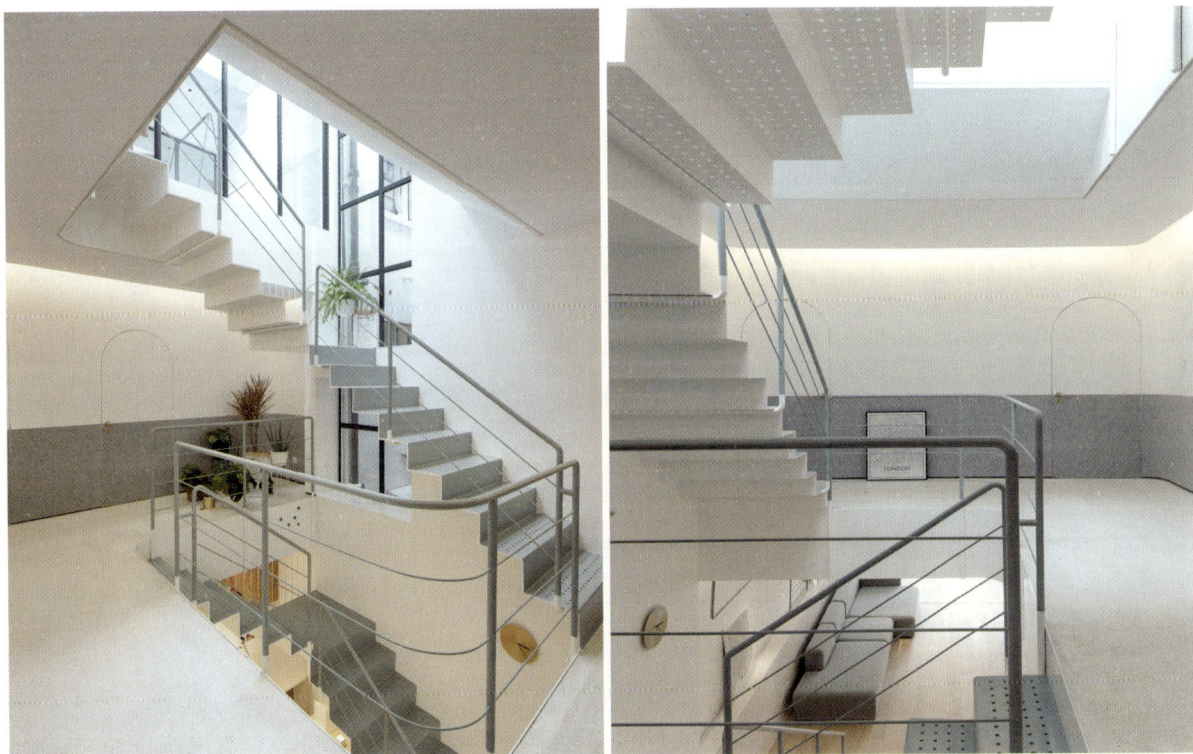

图5.105 门和储藏空间隐藏在墙面中

图5.106 钢板楼梯

　　由钢板楼梯围绕自然光天井自一楼起循序向上，我们可以看到改造过的天窗和垂直采光窗以及一个纯户外空间，这是改动最大的区域。建筑的源发点就是从阳光和垂直空间开始。我们用设计把小孩的床和书桌以及仓储空间连接在一起。业主的小孩很喜欢这个房子，在楼梯爬上爬下，在院子里不停地玩耍。这也是设计师设计的一个初衷，希望给孩子一个更大的世界，使孩子站在另一个维度去理解这个不停变化的世界。

图5.107 小孩房

图5.108　二楼模块化的家具墙面

三楼的主卧保留了原始建筑的坡顶结构，将衣帽间和卫生间统一在一个盒子之中，最大限度地保留了原始建筑的形态，并在本来并不大的空间中创造了新的关系。

图5.109　主卧室

图5.110 主卧、客卧卫生间

参考文献

[1] 安勇.室内设计创意[M].长沙：湖南大学出版社,2010.

[2] 苏丹.住宅室内设计[M].北京：中国建筑工业出版社，2011.

[3] 黄春波，黄芳.居室空间设计理论与实训[M].石家庄：河北美术出版社，2008.

[4] 张绮曼，郑曙.室内设计资料集[M].北京：中国建筑工业出版社，1991.

[5] 韦斯顿.材料、形式和建筑[M].范肃宁，陈良佳，译.北京：知识产权出版社，2005.

[6] 刘旭.图解室内设计分析[M].北京：中国建筑工业出版社，2007.

[7] 郑曙晹.室内设计程序[M].北京：中国建筑工业出版社，1999.

[8] 王晖.住宅室内设计[M].上海：上海人民出版社，2011.

[9] 逯薇.小家,越住越大[M].北京：中信出版社,2016.

[10] 逯薇.小家,越住越大2[M].北京：中信出版社,2018.

[11] www.archdaily.com

图书在版编目（CIP）数据

主题家居装饰设计／胡波，周辉煌，毛惠主编. —长沙：
中南大学出版社，2019.4(2023.1重印)

ISBN 978-7-5487-3603-5

Ⅰ.①主… Ⅱ.①胡… ②周… ③毛… Ⅲ.①住宅－室内
装饰设计 Ⅳ.①TU241.02

中国版本图书馆 CIP 数据核字(2019)第 056032 号

主题家居装饰设计

胡波　周辉煌　毛惠　主编

□责任编辑	刘　莉	
□责任印制	唐　曦	
□出版发行	中南大学出版社	
	社址：长沙市麓山南路	邮编：410083
	发行科电话：0731-88876770	传真：0731-88710482
□印　　装	湖南鑫成印刷有限公司	

□开　　本	889 mm×1194 mm 1/16	□印张 11.75	□字数 293 千字
□版　　次	2019 年 5 月第 1 版		□印次 2023 年 1 月第 2 次印刷
□书　　号	ISBN 978-7-5487-3603-5		
□全套定价	68.00 元		